Témoins de Jéhovah

LES MISSIONNAIRES DE SATAN

Robin de Ruiter

Témoins de Jéhovah

LES MISSIONNAIRES DE SATAN

Mayra Publications

Titre original : *El poder oculto detrás de los testigos de Jehová*

Note de l'éditeur

Les opinions exprimées dans cet ouvrage ne reflètent pas nécessairement celles de l'éditeur.

Remerciements

J'exprime ma profonde gratitude envers Fritz Springmeier pour son autorisation à citer plusieurs de ses enquêtes.

Je remercie également toutes les personnes qui ont participé à l'élaboration du présent ouvrage.

Je suis particulièrement reconnaissant envers Laurent Glauzy pour la traduction de la présente version française.

Robin de Ruiter

Sommaire

Présentation

Une pléthore d'ouvrages ont été publiés sur la Société de la Tour de Garde et ses adeptes, les Témoins de Jéhovah. Mais aucun d'entre eux ne démasque le pouvoir occulte qui agit derrière cette organisation. Il demeure tout aussi surprenant que les clercs et les politiciens paraissent ignorer les objectifs réels des cadres de cette mouvance pseudo-religieuse, qui en tiennent les rênes d'une main de fer.

Le présent ouvrage propose une traduction réactualisée et améliorée des premières versions éditées en 1991 en espagnol, en 1994 en allemand et en 2001 en néerlandais. Elles furent le fruit du remarquable travail d'investigation que mena Robin de Ruiter, de 1983 à 1985, en infiltrant la secte à Amsterdam.

Cet écrivain et instigateur néerlandais révèle que la hiérarchie de la Société de la Tour de Garde a toujours joué un rôle de premier plan dans la politique internationale et a bénéficié à cet effet du soutien des plus importantes institutions financières. Le lecteur découvrira une structure particulièrement puissante se dissimulant derrière l'image d'adeptes besogneux vendant, sur un présentoir de fortune et à l'angle d'une rue, des exemplaires de *La Tour de Garde* et de *Réveillez-vous !*

Qui pourrait alors soupçonner que la Société de la Tour de Garde possède des secrets bien gardés ? Prend-elle part à un programme déterminé ? Pourquoi son influence est-elle minimisée par les médias et l'ensemble du monde politique ? Pouvons-nous parler de complicité avec les milieux de la haute finance ?

Cette étude a pour but de prémunir le plus grand nombre contre la nocivité de cette secte et de donner la possibilité aux personnes, aux familles, qui ont été malencontreusement séduites par les mensonges des gourous, de quitter les assemblées du Royaume de Jéhovah.

Dans notre proche entourage, nous avons probablement tous côtoyé un adepte de la Société de la Tour de Garde. Nous espérons que le présent livre contribuera à enrayer son développement.

Afin de mieux faire connaître cette organisation, nous aborderons les origines de ses premiers dirigeants, ses fondements historiques, sa doctrine, ses liens avec la Franc-maçonnerie, son rôle précurseur et déterminant dans le sionisme, la collaboration de son élite avec l'Allemagne national-socialiste, ses relations avec l'église de Scientologie, ainsi que les techniques de Contrôle mental, ses rites sataniques et les nombreux cas de pédophilie.

Les publications de la Société de la Tour de Garde ayant servi à l'élaboration de l'ouvrage seront référencées dans la version linguistique consultée.

Une grande attention a été portée à la complémentarité de sources françaises afin de permettre au lecteur francophone d'approfondir sa réflexion grâce à une bibliographie de qualité.

Chapitre 1

Les vraies origines et doctrine de la secte

À l'entrée de Brooklyn, à New York, au-delà de Manhattan Bridge, se détachent de l'horizon plusieurs bâtiments de couleur crème. L'un d'eux abrite l'imprimerie de la *Watchtower Bible and Tract Society of New York, Inc.* (société anonyme), plus communément appelée *The Watchtower Society* ou la *Société de la Tour de Garde*, expression juridique des Témoins de Jéhovah. Ce vaste complexe imprime chaque jour plus de cent mille livres et parutions.

a) La Société de la Tour de Garde : une puissance

Constituant le siège d'un empire gigantesque, la Watchtower Bible and Tract Society of New York, Inc. est une de ces huit entités juridiques distinctes de l'organisation mondiale des Témoins de Jéhovah installées aux États-Unis, et auxquelles sont incorporées plus de cent filiales réparties sur les cinq continents. Les imprimeries de la Société sont les plus importantes du monde. En 1996, la Société de la Tour de Garde a atteint pour ses périodiques un tirage global de 900 millions d'exemplaires. *La Tour de Garde* représente la publication religieuse la plus distribuée à l'échelle mondiale.

Le siège central des Témoins de Jéhovah se compose d'un colossal complexe de bureaux. Deux bâtiments sont reliés au cinquième étage par une passerelle surplombant la rue. Certains sont des hangars servant à entreposer du papier, d'autres accueillent un atelier de réparation pour les machines, ou encore une menuiserie dont la fabrication annuelle s'élève à plus de onze mille meubles. Une petite unité prépare même la colle, l'encre et le matériel de nettoyage utilisés pour l'impression des ouvrages.

La Société de la Tour de Garde produit une cinquantaine de teintes différentes pour l'impression, ainsi que pour les peintures murales servant aux revêtements intérieur et extérieur des bâtiments.

Dans un des ateliers, chaque mois, sont confectionnées 17 000 pièces détachées métalliques réservées à leur entretien. À côté des ateliers et des bureaux, se trouvent une cellule chargée des expéditions, ainsi que d'autres bâtiments annexes, dans lesquels travaillent trois mille volontaires. Ce sont tous des Témoins de Jéhovah.

La Société de la Tour de Garde se lance aussi dans le domaine des disques, des calendriers, des cartes postales et beaucoup d'autres articles présentant leur thématique religieuse. En 1990, elle a investi dans la production de vidéo et de disquettes pour ordinateur. En seulement trois ans, plus de 11 millions de cassettes sortirent alors de ses studios.

En 1991, toujours à Brooklyn, une laverie et une teinturerie ont été installées. Des bénévoles y nettoient et blanchissent chaque semaine 25 000 tonnes de linge appartenant aux agents de la Société. Tous ces employés ont leur appartement à Brooklyn.

La direction de Brooklyn affirme que ses nombreux collaborateurs, travaillant à plein temps, sont des bénévoles exerçant leurs activités dans un esprit de dévotion. Pour encourager les fidèles serviteurs à offrir tout leur temps libre et toute leur abnégation, ceux-ci reçoivent mensuellement de maigres émoluments. Entre la Société de la Tour de Garde et cette main d'œuvre très bon marché, il n'existe aucun contrat ni état de service.

Les serviteurs de Béthel[1] ne sont couverts par aucune assurance. En cas de maladie ou d'accident, les collaborateurs zélés doivent eux-mêmes subvenir aux frais médicaux. Quand un adepte travaille à plein temps pour l'organisation, il lui est même conseillé de résilier son contrat d'assurance santé[2]. Les Témoins de Jéhovah ne cotisent à aucune assurance retraite ou assurance sociale, car ils sont convaincus que la fin du monde est proche.

---

1. Localité du pays de Canaan, Béthel se serait trouvée à dix kilomètres au nord de Jérusalem, dans la région historique de l'ancienne Samarie. Dans les Saintes Écritures, Béthel est liée au passage d'Abraham et de Jacob. Le premier patriarche y construisit un autel. C'est à Béthel que le second patriarche eut un songe : « Voilà qu'une échelle était plantée en terre et que son sommet atteignait le ciel, et les anges de Dieu y montaient et descendaient. Voici que YHWH se tenait devant lui et lui dit : *Je suis YHWH, le Dieu d'Abraham. La terre sur laquelle tu es couché, je te la donne à toi et à ta descendance* » (Gn 28,12-13). L'Arche d'Alliance s'y trouvait au temps des Juges. Selon le 1er Livre des *Rois*, le roi d'Israël Jéroboam Ier y fit ériger le veau d'or, symbole de Dieu.
2. Circulaire de la Société de la Tour de Garde du 1/5/1983 relative au bénévolat à temps plein.

À Brooklyn Heights (Hauteurs de Brooklyn), la Société de la Tour de Garde possède plus de 50 % de tout l'immobilier, alors que les adeptes représentent moins de 15 % de la population. Dans ce quartier, la secte accapare de nouveaux bâtiments pour étendre ses activités.

Étant donné que les membres sont peu fortunés, ils représentent un pouvoir d'achat peu attrayant pour les commerçants de Brooklyn Heights.

Nombreux sont alors les magasins qui tirent le rideau. Quand des promoteurs tentent de résister à cette expansion et refusent de collaborer, les dirigeants de la Société engagent des hommes de paille pour acquérir les appartements courtisés[3].

D'après le *Daily News Magazine* du 31 juillet 1988, les splendides bâtiments de Brooklyn, à l'instar des hôtels Bossert, Towers et Standish, comprenant quelque six cents chambres, ont été achetés par l'organisme Cohi Towers Associates pour être ensuite revendus à la Société de la Tour de Garde. Le même journal rapporte que Cohi Towers Associates a été fondé par Dallas Wallace et d'autres hommes d'affaires, acteurs de premier plan de la secte.

Quand la Société de la Tour de Garde a repris l'hôtel Bossert, il a été promis aux cent quatre-vingt résidents permanents qu'ils ne seraient pas obligés de déménager. Néanmoins, après la transaction, tout a été entrepris pour les inciter à quitter le palace. Dans le foyer commun, où les résidents les plus âgés se réunissaient, les meubles ont été retirés. Ensuite, il leur a été interdit d'y célébrer Noël. Les réparations que le bâtiment nécessitait, n'étaient plus effectuées et le courrier n'était pas distribué. Tard dans la nuit, on frappait à leur porte et de l'argent leur était proposé pour qu'ils renoncent à leur appartement[4].

Brooklyn Heights Press du 8 septembre 1988 relate que les mêmes mesures ont été mises en œuvre dans l'hôtel Towers. Le quotidien fait état de subterfuges utilisés par la secte pour le départ de la clientèle du Standish Hotel. Avant que la Société de la Tour de Garde n'acquière cet hôtel, déclare l'ancien propriétaire – qui avait également vendu l'hôtel Towers à la secte – le bâtiment était occupé par des prostituées peu discrètes, jusqu'à ce que les résidents excédés partent. Bien entendu, depuis que la Société de la Tour de

3. Robin de Ruiter, *Detrás de la sonrisa de los Testigos de Jehová* (Derrière le sourire des Témoins de Jéhovah), Mexico, 2000, p. 44.
4. Robin de Ruiter, *Die Zeugen Jehovas* zwischen *US-Politik, Zionismus und Freimaurerei* (Les Témoins de Jéhovah entre la politique américaine, le sionisme et la Franc-maçonnerie), Pro Fide Catholica, 2006, p. 12.

Garde a pris possession de la totalité du bien, le problème a été réglé.

À quatre-vingt-dix kilomètres au nord de Brooklyn, est implanté un conglomérat d'entreprises et de fermes employant plus de mille Témoins de Jéhovah volontaires. À cet endroit, sont situés les centres de production et de distribution des denrées alimentaires destinées aux besoins de la Société et aux milliers de travailleurs.

Dans d'autres régions, la Société exploite des fermes dans lesquelles des milliers de poulets, de porcs et de bovins sont élevés. Pour quelques maigres dollars, de simples adeptes s'échinent à cette sale besogne.

À partir de 1984, dans la très charmante Patterson Valley, à environ cent dix kilomètres de Brooklyn, sur une superficie de 266 hectares, ont été aménagés des bureaux, plusieurs écoles de missionnaires, un hôtel de 144 chambres, ainsi qu'une cuisine et un réfectoire accueillant mille six cent personnes. Ce complexe contient aussi six bâtiments d'une capacité totale de 624 appartements avec un garage de 450 places.

Dans les années 1990, le nombre de membres qui travaillent pour la Société a rapidement dépassé douze mille. Pendant que certains sont par exemple affectés à des tâches de secrétariat ou de direction dans les bureaux, d'autres travaillent durement à la préparation des repas et à l'entretien des voitures de luxe des dignitaires.

Aux États-Unis, en 1999, la brochure *Planned Giving to Benefit Kingdom Service Worldwide* (Planification des dons de bienfaisance pour soutenir l'œuvre mondiale du Royaume), diffusée par la Société de la Tour de Garde, renseigne sur d'importants troubles entre les Témoins de Jéhovah, car pour obtenir les bonnes intentions de ses membres, la Société suggère différents modèles de déduction fiscale, créant de fait des avantages plus ou moins conséquents en fonction des dons.

La direction de la Société de la Tour de Garde a repéré une autre source de revenus tout aussi lucrative : le commerce des assurances. Elle aurait facilité la souscription à des assurances pour les milliers de Salles du Royaume réparties dans le monde, et dont les frais seraient imputés aux membres de la communauté, à leur insu.

Les adeptes financent tous les travaux liés à la rénovation ou à l'élargissement des lieux de rassemblement. Beaucoup d'entre eux ne sont pas loués, mais achetés. Les Témoins de Jéhovah économisent pour subvenir aux dépenses. Quand l'épargne ne couvre pas les coûts, la centrale de Brooklyn propose un prêt avec des taux d'intérêt. Bien entendu, les fidèles s'acquittent des traites mensuelles. Toutes les Salles du Royaume appartiennent à la Société de la Tour de Garde. Pour ne payer aucun impôt, les versements sont enregistrés comme dons.

La Société de la Tour de Garde ne néglige aucune astuce pour limiter les pertes fiscales. En 1991, au Canada, les districts non rentables ont perdu leurs subventions. Dans une lettre du 1er février 1991, la direction de Brooklyn a communiqué aux adeptes canadiens qu'ils devaient effectuer eux-mêmes, en raison des mauvais résultats financiers, la distribution des parutions.

Le siège a mené à bien une nouvelle idée pour extorquer davantage d'argent à ses fidèles, en montant en 1988 une agence de voyages du nom de Bethel Tours. Si les Témoins de Jéhovah enseignent que Dieu ne règne ni dans les maisons ni dans les temples, la direction fait accroire de manière subliminale que Dieu habite à New York : dans les publications, l'image de cette mégapole apparaît sous le trône de Dieu. La propagande de Bethel Tours affirme de ce fait que le voyage à New York est une priorité pour ses adeptes, ce qui suscite un plus grand intérêt pour la véritable « organisation de Dieu sur terre ».

D'après ses propres déclarations, la Société de la Tour de Garde ne s'occupe pas des affaires du monde, mais enseigne la Bible d'une manière humaine, et n'effectue aucun investissement commercial. À ce titre, elle ne possède aucun compte recouvrant des millions de dollars ! La Société assure que les cotisations servent à couvrir l'entretien des filiales, des imprimeries et ses activités. Dans la plupart des pays, depuis le début des années 1990, le coût de ses publications est assuré par les dons des adeptes[5]. Elle ne paie donc aucun impôt sur le chiffre d'affaires des ventes.

Dans les années 1980, d'après les rapports financiers de la Grande-Bretagne, l'organisation dispose, grâce à la vente de ses publications, de comptes en banque bien garnis et, chaque année, des millions de dollars sont transférés à Brooklyn.

La Société de la Tour de Garde est reliée au système informatique contenant les données sur les crédits de Dunn & Bradstreet, aux États-Unis, pour informer les entreprises sur la solvabilité de leur maison d'édition. D'après Dunn & Bradstreet, le chiffre d'affaires de la Watchtower Bible and Tract Society of New York, Inc. en 1991, uniquement pour les États-Unis, était de

---

5. En Allemagne, depuis 1991, les publications de la Société de la Tour de Garde ne sont plus vendues, mais distribuées gratuitement.

1,25 milliard de dollars[6] !

À cause des affaires de la secte, des États comme l'Espagne, la France et le Portugal seraient encore peu enclins à légitimer la Société de la Tour de Garde en tant que religion. En France, la Société de la Tour de Garde, qui n'est considérée ni comme une religion ni comme une association à but communautaire, verse, sous forme d'impôts, 60 % de ses revenus.

En 1999, le centre de la secte, à Louviers, présente un avis d'imposition de 303 millions de francs. Une lettre adressée au Président Jacques Chirac par la centrale de Brooklyn, publiée dans le *New York Times* du 5 mai 1998, montre une volonté manifeste de la part des Témoins de Jéhovah d'exercer une pression sur l'État français : le statut de religion l'exonérerait d'une grande part de ses cotisations.

Réveillez-vous ! (version allemande : *Erwachtet !*) du 8 août 2001 mentionne : « Par conséquent, nous pouvons en déduire que la bête de la *Révélation* [l'*Apocalypse*] est incarnée par les gouvernements. Étant donné qu'ils s'opposent au Royaume de Dieu, ils illustrent l'Antéchrist. »

Selon la Société de la Tour de Garde, Satan est le maître de ce monde et tous les gouvernements lui sont assujettis. C'est pourquoi toute relation avec un État ou un institut constitue pour les Témoins de Jéhovah un comportement infamant. Celui qui entretient de tels liens devient *de facto* un ennemi de Dieu et périra, lors de l'Armageddon, la fin du monde.

Or, ses dirigeants commettent ce qu'ils estiment être un péché mortel : depuis 1990, en Allemagne, la Société de la Tour de Garde engage des démarches pour être reconnue comme une corporation de droit commun, à savoir une association de prise en charge des missions de l'État, placée sous sa juridiction[7]. Quand elle affirme que l'État est sous les ordres de Satan et est anti-christique, ce jugement, par ricochet, s'applique au fonctionnement d'une collectivité ou d'une corporation. Si la secte devait être reconnue comme entité d'État, elle ferait partie intégrante du système anti-christique

---

6. Robin de Ruiter, *op. cit.*, p. 14.

7. En 1997, la Cour administrative fédérale allemande a jugé que les Témoins de Jéhovah ne pouvaient pas obtenir le statut de corporation de droit public, car ils ne font preuve d'aucune « loyauté envers l'État ». Mais, en 2006, la communauté religieuse des Témoins de Jéhovah a été admise comme corporation de droit public uniquement par le Sénat de Berlin. Trois ans plus tard, en 2009, dix autres Länder, sur un total de seize, ont octroyé à la secte ce statut de droit public. L'exemple de l'Allemagne démontre l'attitude de recul des institutions. Ce cas est emblématique de ce qui se déroule insidieusement à l'échelle européenne.

qu'elle dénonce, et serait colporteuse des lois sur l'homosexualité, l'avortement, le divorce et l'éducation. Elle garantirait les intérêts de la nation et les appliquerait. De plus, le statut d'une corporation de droit public est un droit attribué qui ne peut être suspendu.

Le statut d'Église octroierait d'énormes privilèges aux Témoins de Jéhovah qui pourraient, dans certains pays, demander un financement prélevé sur les impôts publics[8] et bénéficieraient, comme les corporations, d'un allègement fiscal et de l'exemption de l'impôt sur la fortune.

En Norvège, les Témoins de Jéhovah sont reconnus en tant qu'Église. Pour l'année 1995, la Société de la Tour de Garde a donc reçu 6,6 millions de couronnes norvégiennes de la part de l'État. La secte se montre très conciliante avec ses propres principes quand des avantages non négligeables lui sont garantis. Bien entendu, les simples membres ne sont pas tenus informés des entorses à la règle.

En Italie, premier pays où l'organisation des Témoins de Jéhovah est admise comme religion, la secte a également pactisé avec l'État. Le 20 mars 2000, le gouvernement italien a signé un concordat avec la Société de la Tour de Garde. Selon les termes de cette convention, les Témoins de Jéhovah ont reçu le droit d'obtenir un soutien moral dans l'armée, les hôpitaux, les institutions publiques et les pénitenciers. Par ailleurs, les adeptes sont autorisés à organiser des cours de religion dans les écoles. Ils peuvent prononcer des mariages reconnus par l'État. L'organisation de Brooklyn reçoit même une partie des fonds émanant des impôts du culte[9].

Pourtant, ses principes fondateurs proscrivent tout lien avec ce monde matériel et exigent une position de neutralité absolue. Ils interdisent de participer à une élection démocratique. Si l'on en croit ses observations, les Témoins de Jéhovah seraient victimes en France d'une campagne de diffamation contre les minorités religieuses. La réalité est tout autre. La France, rare pays européen qui tiendrait relativement compte du réel danger de cette secte, ne lui a pas encore attribué le statut d'organisation d'utilité pu-

---

8. En Allemagne, en Autriche et en Suisse, une taxe consacrée au financement des églises est directement prélevée sur les salaires, au même titre que les impôts. Son montant varie en fonction du Land de résidence. En France, les impôts destinés à financer les églises n'existent plus depuis la Révolution de 1789.
9. Robin de Ruiter, *op. cit.*, p. 16, *in* Informationsdienst ehemaliger Zeugen Jehovas in Deutschland (Service d'information des anciens Témoins de Jéhovah en Allemagne) ; site : infolink-net.de.

blique[10] [11]. C'est pourquoi, la Société de la Tour de Garde incite ses membres, par l'intermédiaire des plus anciens, lors de réunions ou de conversations personnelles, à prendre part à des élections locales et régionales, afin qu'il ne soit plus propagé que les Témoins de Jéhovah constituent un élément ennemi de la démocratie. Début 1999, des membres éminents ont affirmé à la télévision française qu'ils accompliraient leur devoir électoral[12].

b) Charles Taze Russell, le fondateur

L'organisation actuelle des Témoins de Jéhovah, leur théocratie centralisée et une grande partie de leur doctrine sont l'œuvre de Joseph Franklin Rutherford, qui occupa le siège de président à partir de janvier 1917.

L'histoire des Témoins de Jéhovah, appelés, à partir de 1914, Association (internationale) des Étudiants de la Bible, débute dans les années 1870, aux États-Unis, sous l'appellation d'Étudiants de la Bible.

Charles Taze Russell, le fondateur des Témoins de Jéhovah, est né le 16 février 1852 près de Pittsburgh, en Pennsylvanie. Il descend d'une famille juive, les Rössel, qui vécut au XVIIᵉ siècle en Allemagne.

Quand elle s'établit provisoirement en Écosse, avant de rejoindre l'Irlande, son nom est changé en Russell. Joseph Russell et Ann Eliza Birney, les parents de Charles, sont très pauvres. Ils décident de quitter l'île pour émigrer en Amérique, en 1839. Six ans après, la Grande Famine ravage l'Irlande. Cette « plaie » est occasionnée par l'apparition du parasite du mildiou, qui anéantit presque entièrement les cultures locales de pommes de terre, nourriture de base des paysans irlandais[13].

Le frère d'Ann Eliza, Thomas Birney, leur prête de l'argent pour couvrir les dépenses du voyage[14]. Quand ils arrivent dans le comté d'Allegheny, en Pennsylvanie, les voies de migration des colons longent de larges prairies. De magnifiques troupeaux de bisons errent dans les pâturages, à travers les vastes étendues de l'Ouest. L'invasion de cette partie des États-Unis com-

---

10. *Idem.*

11. En France, la loi de séparation de l'Église et de l'État de 1905 stipule que le culte est organisé par le régime juridique des associations cultuelles. La secte a obtenu cette reconnaissance en 2002, mais elle ne lui assure pas le statut de religion.

12. Robin de Ruiter, *op. cit.*

13. Liste d'émigrants extraite de Western Pennsylvannia Genealogical Society, Pittsburgh, 1978, p. 93.

14. Ces informations proviennent du testament d'Ann Eliza Birney Russell. La mère de Russell décéda quand il avait neuf ans.

mence peu après.

Les parents de Russell louent des locaux pour y monter une affaire d'articles vestimentaires masculins. La direction de la Société de la Tour de Garde explique qu'après la mort de sa mère, Charles s'associe à son père pour fonder ce commerce.

Le jeune Charles, sans éducation religieuse, affirme avoir trouvé la vérité sur la seconde venue de Jésus-Christ accomplissant les dernières prophéties. Il est le maître à penser d'un petit groupe d'étudiants de la Bible, dont les membres le désignent comme pasteur. Russell aurait quitté l'entreprise de son père pour se consacrer pleinement aux questions théologiques. D'après les Témoins de Jéhovah, il aurait résilié sa participation et aurait reçu un quart de million de dollars. Cette version est une fable. Les affaires des Russell sont de moins en moins rentables, contrairement à ce que prétendent les Témoins de Jéhovah. En 1870, la valeur de la propriété collective de la famille s'élève seulement à 2 000 dollars[15]. La famille Russell cesse le commerce d'articles pour hommes en 1883.

Quatre ans auparavant, en juillet 1879, Russell avait fait paraître le premier numéro de la *Watchtower*, que nous connaissons sous le nom français de *La Tour de Garde*. La même année, il épouse Mary Francisca Ackley, sœur de la seconde femme de son père. Le couple n'aura aucun enfant. Elle travaille comme trésorière, siège au directoire et s'occupe de la rédaction de *La Tour de Garde*. Le père de Russell contribue à l'écriture de nombreux articles pour le périodique. Son frère aîné Franck et sa sœur Margaret occupent également d'importants postes au sein de l'organisation.

En 1881, Russell fonde la société biblique, du nom anglais de Zion's Watchtower Tract Society[16], qui prend en 1896 la dénomination de Watchtower Bible and Tract Society et, à partir de 1956, de Watchtower Bible & Tract Society of New York, Inc.

L'essence de l'enseignement religieux du pasteur Russell est fondée sur la seconde venue du Christ et sur la fin du monde, l'Armageddon. Il enseigne

---

15. Robin de Ruiter, *op. cit.*, p. 18, *in* « Statistiques officielles de Pittsburgh », p. 98.
16. Nom légal de la Watchtower Bible and Tract Society of Pennsylvannia, une des corporations de la Société de la Tour de Garde qui a notamment la charge des dons déductibles des impôts. La Watchtower Bible and Tract Society of New York, Inc. possède, quant à elle, les ouvrages diffusés comme *La Tour de Garde* et *Réveillez-vous !*. Comme nous l'avons exposé en début de document, elle sert de représentante légale des Témoins de Jéhovah.

que le Seigneur est revenu sur terre en 1874, sous forme invisible. Plus tard, il annonce la seconde venue physique du Christ, lors de la bataille de l'Armageddon qui, en 1914, provoquerait la fin du monde. Toutefois, les prédictions du pasteur ne sont pas d'une précision prophétique. Loin s'en faut !

c) Une vision raciste

À la page 8, la parution de *La Tour de Garde* (version allemande) du 8 décembre 1990, avance : « Les Témoins de Jéhovah sont différents : dans un monde de préjugés, ils sont connus sur le plan international pour être les défenseurs de l'harmonie dominante des races… »

À ce sujet, il est intéressant de se rappeler comment, au début du XXᵉ siècle, les Témoins de Jéhovah (comme les mormons) appréhendent la population noire. Selon eux, les différences raciales sont fondées sur le quotient intellectuel des individus. *La Tour de Garde* (version allemande) du 15 juillet 1902, pages 215 et 216, n'hésite pas à écrire : « Il est vrai que la race blanche peut présenter quelques traits de supériorité par rapport à une autre race. Le secret de la plus grande intelligence et des grands talents des indo-européens est dû au mélange sanguin à grande échelle des différentes races blanches (*sic !*). Cela s'accomplit manifestement sous le contrôle de Dieu. » À ce moment-là, les Étudiants de la Bible sont d'avis que les hommes et les femmes de couleur doivent se débarrasser de leur peau pour conjurer la malédiction, mais que seul Dieu peut réaliser ce miracle. Ils s'appuient sur les versets de la Bible (*Gn* 9, 22-25), selon lesquels la race noire descend de la lignée maudite de Caïn.

Dans *La Tour de Garde* (version allemande) du 15 avril 1900, il est explicitement énoncé que « la littérature de la Société de la Tour de Garde distribuée à des gens de couleur est gaspillée, pour plus de la moitié, car ils ne sont pas éduqués et sont incapables d'en tirer profit. »

Utilisé en 1914, le *Photo-drama of Creation* (Photodrame de la Création) est un film muet réalisé par Russell pour faire connaître l'Évangile et donner plus d'emphase à ses prêches. Cette initiative remporte un grand succès en Amérique du Nord, en Europe et en Australie : plus de 9 millions de personnes assistent à cette projection[17]. Cependant, *La Tour de Garde* (version al-

---

17. Ce mode de diffusion commence à être utilisé en 1914. Avant la fin de l'année, plus de neuf millions de personnes en Amérique du Nord, en Europe et en Australie assistent à la projection du *Photo-Drame*. L'objectif de la secte est d'attirer les foules et de faire connaître l'Évangile, afin que le public soit amené à la foi. De plus, une intense campagne de prédication est entreprise à travers la presse. Chaque semaine, Russell télégraphie un

lemande) du 4 janvier 1914 mentionne à la page 105 que, pendant la représentation, beaucoup de Blancs quittent la salle à cause de la présence de sujets de couleur, avant que ces derniers ne soient expulsés. Aujourd'hui, la Société de la Tour de Garde, au contraire d'autres associations religieuses, n'accepte parmi son élite dirigeante que très peu de Noirs et d'hispaniques américains.

Russell est tout d'abord un homme d'affaires. Après la fondation de la Société de la Tour de Garde, il aurait perçu une grande manne financière. C'est alors qu'il crée plusieurs entreprises commerciales à but non religieux. En 1882, il monte avec son père un commerce de ferraille[18].

Russell fait le commerce du bois et investit dans la menuiserie. Le pasteur est aussi actionnaire de la société de bitume de Pittsburgh, de Railway & Dock Construction à New York, de mines d'argent au Nevada, et contrôle la Turpentine Co. (brésilienne), la Coal & Coke Co., la United Cemetaries Co., ainsi qu'une société d'investissement : la United States Investment Ltd. Des milliers de terres, maisons et fermes étaient détenues par cette dernière. Russell en possède 95 % des parts.

À l'instar de l'entreprise d'articles vestimentaires masculins, tous les projets de Russell ne sont pas couronnés de succès. En 1911, il essaie de vendre une variété de semences de blé qui, selon ses propos, pousse cinq fois plus vite que les autres catégories, et ceci à un prix qui est soixante fois supérieur à celui du marché. Quand un journal tourne cette affaire prodigieuse en dérision, il porte plainte pour diffamation. Un examen effectué par le gouvernement conclut que le « blé miraculeux » n'est autre qu'une semence tout à fait ordinaire.

Le pasteur propose à ses disciples des boules de coton « miraculeuses », des haricots « millénaires », une boisson du nom de « Santone » qui soignerait les inflammations intestinales et guérirait du typhus, ainsi que des préparations « secrètes » contre le cancer.

Dans sa vie privée, Charles Russell est confronté à un grand nombre de problèmes. Sa femme le surprend maintes fois avec Emily Matthews, l'aide familiale, et avec Rose Ball, la secrétaire. Afin qu'il ne puisse pas se remarier

---

sermon à un service de presse, qui le retransmet à des journaux américains et européens. De ce fait, en 1913, ces sermons ont touché 15 millions de personnes par l'intermédiaire de 2 000 journaux (*Les Témoins de Jéhovah - Prédicateurs du Royaume de Dieu*, La Société de la Tour de Garde, 1993, p. 58).

18. George Sweetnam, *Where else but Pittsburgh* (Seulement à Pittsburgh), Pittsburgh, 1958, p. 112.

officiellement avec une de ses maîtresses, elle demande, en 1897, la séparation des biens. Lors d'un procès, qui dura jusqu'en 1909, son épouse dépose plainte pour mauvais traitement et adultère. D'après Mary Francisca Ackley, il est impossible à Russell d'accepter la compagnie d'une femme sans la courtiser. Au tribunal, Russell tente en vain de se faire passer pour un homme misérable, afin que ses affaires lucratives ne soient pas découvertes. Il est finalement reconnu coupable et condamné à verser une pension à vie à sa femme[19].

Le pasteur connaît de nombreux autres déboires juridiques, et est plus d'une fois convaincu de parjure : lors d'un procès instruit en 1907, il soutient ne rien savoir sur la fondation de la société fictive Solon[20].

Russell décède après l'inspection de sa mine d'argent de Santa-Fe-Express, le 31 octobre 1916. Sa mort est enveloppée d'un épais voile de mystères. Selon l'avis de la plupart des fidèles, il y eut un complot ourdi par son successeur, Joseph Franklin Rutherford, pour s'approprier la direction de l'organisation. Il est évoqué que Russell, alors qu'il voyageait en train, aurait été empoisonné par un de ses accompagnateurs. D'après l'écrivain et chercheur américain Fritz Springmeier[21], Russell disposait d'un goûteur qui, ce jour, manqua de palais ! Ses fidèles rapportent que du poison versé dans le repas causa sa mort. Pour masquer cet assassinat, le cadavre a été enlevé durant le voyage, afin de procéder dans les plus brefs délais à un embaumement.

d) Joseph Franklin Rutherford

Né le 8 novembre 1869, à Boonville dans le Missouri, Joseph Franklin Rutherford prit la succession de Russell. D'un point de vue moral, la vie de Rutherford est tout aussi scandaleuse que celle de Russell. Avant de rejoindre

---

19. Robin de Ruiter, *op. cit.*, p. 20.
20. Duane Magnani, *The Money Makers* (Les fabricants de capitaux), Layton, CA, 1986.
21. Fritz Springmeier est un ancien officier américain qui a quitté l'armée pour devenir pasteur. Exerçant un ministère en faveur des survivants du Contrôle mental, il est le spécialiste mondial des recherches sur la dictature sournoise des Illuminati et la généalogie de ses membres. En 2003, il a été condamné à neuf ans de prison pour une prétendue implication dans un *hold-up* à Portland (Oregon). Alors que Springmeier accuse nos élites d'appartenir à des sectes sataniques et de s'adonner à des crimes rituels et de pédophilie, cet emprisonnement prend l'apparence d'un avertissement. Mais ne devant des comptes qu'à Dieu, Springmeier a continué son travail de dénonciation dès sa libération en 2012. Dans une société où la lâcheté est devenue la norme, ce courage est bien hors du commun !

la secte, il fut condamné à deux reprises, en 1864 et 1867, pour comportement déshonorant.

Selon les renseignements glanés au sein de la Société de la Tour de Garde, il s'inscrit à dix-sept ans à la Faculté de droit. Après l'obtention de ses diplômes, il travaille deux années sous la tutelle du juge E. L. Edwards. À vingt-deux ans, il devient avocat et exerce comme juriste à Boonville. Actif en tant que procureur, il remplace à diverses occasions le juge en fonction. Ainsi, est-il surnommé le « juge » par la secte. À dater de 1919, et jusqu'à son décès, il est membre du ministère public de New York.

Rutherford connaît la secte en 1894. Cependant, il hésite pendant douze années « à consacrer sa vie aux Témoins de Jéhovah ». Il rencontre Russell en 1906, au Midland-Hotel, à Kansas City dans le Missouri[22].

Marley Cole, membre des Témoins de Jéhovah, expose que, lors de l'entretien, Rutherford n'a aucune idée de ce qu'est le christianisme[23]. Un an après, Rutherford devient conseiller juridique de la Société de la Tour de Garde, à Pittsburgh.

Néanmoins, il ne s'entend pas avec le pasteur Russell. Cette mésentente est source de problèmes. Il insulte même Russell dans une lettre publiée dans *La Tour de Garde*. D'après le livre de l'écrivain américain David Horowitz, *Pastor Charles Taze Russell : An Early American Christian Zionist*, Russell le considère comme un membre dangereux. Afin de l'éloigner avec élégance, le fondateur de la secte lui prête mille dollars : en 1915, le « juge » quitte son quartier général de Brooklyn et s'installe de l'autre côté des États-Unis, à Los Angeles, pour se consacrer à la gestion de ses filiales commerciales[24].

Après la mort de Russell, il abandonne cet exil intérieur pour s'emparer, par des méthodes peu honorables, de la direction de l'organisation.

La Tour de Garde (version allemande) du 1er décembre 1916 fait état d'une copie du testament du premier président. Cependant, dans l'article *Qu'est-il arrivé à l'original du testament de Charles Taze Russell ?*, publié dans *United Israel Bulletin* en novembre 1971, il est affirmé que le testament de Russell ne serait pas l'original : un faux aurait été initialement publié dans *La Tour de Garde*. Russell souhaitait dans ses dernières volontés, que la présidence de l'organisation échoie à un comité. Parmi les noms qui devaient le constituer, celui de

---

22. A. H. Macmillan, *Faith on the March* (La foi en marche), Englewood Cliffs, 1957, p. 70.
23. Marley Cole, *Die Zeugen Jehovas* (Les Témoins de Jéhovah), Francfort, 1956.
24. David Horowitz, *Charles Taze Russell – An early American Christian Zionist* (Russell, pré-sioniste américain et chrétien), New York, 1991, p. 61.

Rutherford n'apparaissait pas ! Comme la vérification des faits le démontra, Rutherford avait dissimulé le véritable testament de Russell. Il ajouta aux statuts de l'organisation un nouveau règlement, qui lui octroyait une plus grande liberté dans la gestion des affaires de la Société de la Tour de Garde. Les paroles du juge, qui présida au procès d'un membre du comité directeur de la secte, Isaak F. Hoskin, contre Rutherford, sont surprenantes. Le magistrat atteste que d'un point de vue juridique, il aurait été facile de retirer la présidence à Rutherford. Mais, sans doute, le président bénéficiait-il de solides soutiens, notamment dans le monde politique. Les dossiers originaux de ce procès se trouvent à l'ancien tribunal de Brooklyn.

À peine Rutherford occupe-t-il la présidence qu'il s'empare du capital que Russell a dissimulé dans le Béthel (ou maison de Dieu)[25], à Brooklyn, afin de transformer la Société de la Tour de Garde à son avantage. D'après Fritz Springmeier, Russell a caché 70 000 dollars en or, 30 000 dollars en liquide et 62 000 dollars en obligations d'État dans le Béthel de Brooklyn[26].

De nombreux membres, qui avaient travaillé avec Charles Taze Russell, quittent l'organisation pour en fonder une nouvelle.

Avant de façonner en théocratie le système « démocratique » de Russell, Rutherford efface toute trace de son prédécesseur : il se défait de trente-et-un fidèles proches du fondateur. Dans la brochure *Warum wir Jehova dienen sollen* (Pourquoi nous devons servir Jéhovah), il se présente comme porte-parole de Dieu.

Au début des années 1920, le nouveau président annonce pour 1925 la résurrection des patriarches de l'Ancienne Alliance. Pour les accueillir, un somptueux palais est édifié dans le quartier le plus huppé de San Diego. Alors que ses disciples attendent en vain la venue d'Abraham, d'Isaac et de Jacob, Rutherford s'installe dans ce luxueux bâtiment. Il possède aussi à Brooklyn une résidence tout aussi prestigieuse. Rutherford qui vit dans l'opulence, est propriétaire de deux Cadillac, passe l'été en Europe et l'hiver en Californie.

Ce faste n'empêche pas Rutherford de se présenter comme un puritain. En réalité, le président adopte un comportement de voyou. À cause de ses états d'ébriété, il est contraint d'annuler des représentations. À l'époque des lois

---

25. Terme utilisé par les Témoins de Jéhovah pour désigner l'ensemble des bâtiments, complexes administratifs et exploitations agricoles où travaillent les adeptes.
26. Fritz Springmeier, *The Watchtower & the Masons* (La Société de la Tour de Garde et les Francs-maçons), Lincoln, 1990, p. 97.

relatives à la prohibition de l'alcool aux États-Unis, Rutherford et W. F. Salter, président des Témoins de Jéhovah au Canada, font de la contrebande de spiritueux entre les deux pays.

Le nouveau président est connu pour la férocité de ses invectives envers les gouvernants et l'Église catholique, tandis qu'il est publiquement accusé par un fidèle de visiter un cabaret de *strip-tease*. Il entretient une relation extraconjugale avec Bonnie Boyd, qui partage sa résidence de San Diego ; et avec Vera Peal, qui le suit lors de ses séjours en Europe. Rutherford séduit de nombreuses femmes, et ne consacre que peu de temps à son épouse et à son fils, qui résident seuls en Californie.

Le décès de Rutherford survient en 1942, dans des circonstances très obscures. Bien que les Témoins de Jéhovah affirment qu'il succombe à une mort naturelle, ses proches prétendent qu'il se serait suicidé, ou qu'il aurait été étranglé pour faire croire à une autolyse. Sur le certificat de décès, signé par sa maîtresse, Bonnie Boyd, il est mentionné que la mort aurait été occasionnée par un excès d'acide urique. Son corps sera inhumé en toute intimité, dans la propriété de Beth-Sarim, contrairement aux directives du conseil municipal de San Diego. Quand un certain Dr Ching acquit le terrain de Beth-Sarim, en 1948, il confirma que les Témoins de Jéhovah avaient transféré le corps de Rutherford en Angleterre avant la mise en vente du bien.

Le comité directeur des Témoins de Jéhovah expliqua que Rutherford n'avait laissé aucun testament. Ce procédé est bien étrange de la part du président d'une secte, qui était juriste.

e) Nathan Homer Knorr

Né le 23 avril 1905, à Bethlehem, en Pennsylvanie, Nathan Homer Knorr est le successeur aux fonctions de président de l'organisation. Le 23 juillet 1961, lors d'un entretien attribué au journaliste Janos Bardi pour le quotidien allemand *Bildzeitung*, il explique qu'il était prédestiné à embrasser une carrière dans le « grand monde des affaires ». Ces plans furent abandonnés quand, à l'âge de dix-huit ans, il travailla comme collaborateur au siège de la Société de la Tour de Garde, à Brooklyn.

Nathan Knorr occupe alors les plus hautes responsabilités. Il intensifie et élabore une nouvelle méthode de propagande fondée sur une plus grande diplomatie. En 1943, il lance la construction de l'École biblique de Galaad pour la formation des missionnaires. Transformée en un système strictement structuré selon une logique pyramidale, l'organisation est dirigée par le président et un groupe d'élus : la corporation. Ces hommes se vantent de posséder la vérité de manière exclusive. Jusqu'à présent, les adeptes sont convaincus que les dirigeants de la corporation représentent le « canal de communication avec Dieu ». La direction assure que Dieu a choisi cette corporation dirigeante, et ferait parvenir par ce biais les directives et la nourriture spirituelle à tous les Témoins de Jéhovah[27].

f) Une secte pédophile

Pourtant, Leo K. Greenless, un Témoin élevé à la distinction d'« oint », petit groupe ayant une espérance céleste, doit se retirer de ses fonctions car il est homosexuel[28]. Un autre dirigeant de la corporation, Edward C. Chitty, entretient des relations sexuelles avec un jeune homme de dix-sept ans, qui appartient également aux Témoins de Jéhovah. Choqué, l'adolescent se suicidera[29].

Il est évident que les pratiques pédophiles se poursuivront après la mort de Nathan Knorr, qui s'éteint le 8 juillet 1977, après une longue agonie de plusieurs mois due à une tumeur au cerveau.

Dans le numéro du 1er janvier 1986 de *La Tour de Garde* (version allemande), page 13, la direction de la secte reconnaît que d'autres personnalités de la direction ont des attirances homosexuelles, échangistes et pédophiles.

Le journal norvégien *Billedbladet NÅ* du 5 octobre 1989, avertit que les dirigeants ayant des mœurs sexuelles dépravées, ne sont pas exclus de la hiérarchie. D'après l'article, les Témoins de Jéhovah norvégiens dissimuleraient

---

27. *La Tour de Garde* (version espagnole) du 1/4/1977.
28. Percy Chapman, ancien Témoin de Jéhovah, surveillant au Canada, fut l'amoureux de Greenless, futur membre du Collège central, dans les années 1950. Chapman expose que Knorr l'a remplacé mais l'autorisait à rester au Béthel de Toronto s'il se mariait. Quant à Greenless, il échappa aux exclusions de mars 1969 qui concernèrent des dizaines de jeunes hommes qui s'étaient rencontrés dans le sauna du Béthel de Brooklyn [*Youtube* (anglais), Watchtower Society and Homosexuality at Bethel, 2 of 3]. Le surveillant est un membre masculin des Témoins de Jéhovah qui s'occupe de la surveillance d'une circonscription, soit entre 18 et 25 congrégations.
29. Selon Edmond C. Gruss, ancien Témoin de Jéhovah, le membre du Collège central Edward Chitty dut abandonner sa position à cause de son homosexualité. Gruss déclare que le président Nathan Knorr parlait si souvent de l'homosexualité, que de nombreux adeptes de la secte se sont demandés s'il n'était pas concerné par cette pratique. De plus, le fait d'avoir fortement découragé le mariage des membres du Béthel a conduit à plusieurs cas d'homosexualité à la fin des années 1960 et au début des années 1970 [Edmond C. Gruss, *The four Presidents of the Watchtower Society* (Les quatre présidents de la Société de la Tour de Garde), Xulon Press, 2003, pp. 35, 36, 43 et 44].

un problème qui se manifeste dans leur rang. Le journaliste Jan Fiksdal évoque les pratiques pédophiles d'un éminent membre norvégien, qui doit comparaître devant le Comité de justice des Témoins de Jéhovah. Bien que l'homme ait besoin d'une aide médicale, le comité n'en informe pas la police. Le pédo-criminel poursuit donc ses pratiques répugnantes, car la Société de la Tour de Garde n'a jamais puni l'individu par une mesure d'exclusion, ni ne prit aucune sanction disciplinaire. Bien au contraire ! L'année suivante, en 1990, il abusera de treize autres enfants. Le 14 juillet 2002, un documentaire de la BBC, qui sera repris aux États-Unis par les chaînes CBS, CNN et par le très « respectable » *New York Times*, établit - sur les témoignages de Bill Bowen ayant passé vingt ans au sein de la secte et qui fut élevé à la distinction d'*Ancien*[30]-, l'existence d'un fichier secret faisant état de 23 720 cas de pédophilie au sein de la Société de la Tour de Garde. Bill Bowen déclare que les « pédophiles sont protégés par le système [la secte]. »

g) Frederick William Franz

Le quatrième président de la Société de la Tour de Garde, Frederick William Franz, né le 12 septembre 1893 à Covington, dans l'Ohio, succède à 83 ans à Nathan Knorr.

D'après les rapports de la Société de la Tour de Garde, Franz a appris le latin, le grec ancien, l'espagnol et l'hébreu en autodidacte. Avant d'entrer dans l'organisation de Charles Taze Russell, il a suivi des cours pour devenir ecclésiastique presbytérien.

Aux dires des Témoins de Jéhovah, Franz passe des examens pour obtenir les célèbres bourses académiques du très maçonnique Cecil Rhodes. Malgré sa réussite, il change d'orientation et entre chez les Témoins de Jéhovah, où il devient conférencier. Après la mort de Rutherford, Frederick Franz occupe la fonction de vice-président de la Société de la Tour de Garde. Sa bonne connaissance de la Bible fait de lui l'auteur principal de la secte.

Sous la présidence de Nathan Knorr, les rédacteurs ne sont plus cités. Cette position s'étend sous Franz à la traduction de la Bible des Témoins de Jéhovah, la *Traduction du Monde Nouveau*. Il s'agit d'un secret de polichinelle, le traducteur principal, Frederick Franz, est aidé dans ces travaux par

---

30. L'*Ancien* constitue l'autorité spirituelle de la secte. Ce ministre du culte s'acquitte de l'œuvre pastorale dans sa congrégation. Désigné sous la direction du Collège central des Témoins de Jéhovah, cette dénomination correspond à l'évêque dans l'Église catholique ou au pasteur dans les protestantismes.

Nathan Knorr, George Gangas et Albert Schroeder. Ses trois « frères » ne suivirent jamais de formation académique, *a contrario* de Frederick Franz, qui a fréquenté le monde universitaire, sans pour autant décrocher un quelconque diplôme.

La Bible des Témoins de Jéhovah, la *Traduction du monde nouveau*, est passée par une multitude d'« améliorations », pour la faire coïncider avec les principes doctrinaires de la secte. Un Témoin lié au comité de traduction révèle que Franz et ses membres se réunissent autour d'une grande table sur laquelle sont posées une trentaine de traductions bibliques. Ils lisent chaque verset et choisissent parmi les variantes, celle qui s'accorde le mieux à la doctrine de la Société de la Tour de Garde. Ils utilisent le texte de Johannes Greber[31], un très étrange prêtre allemand, qui traduisit la Bible avec l'aide d'un médium.

Entre autres curiosités, Franz dispose d'un garde du corps, Natheer Salih, couvert de bijoux précieux. Non seulement, il accompagne le président dans tous ses déplacements, mais il fait office de porte-parole.

Frederick Franz meurt dans son sommeil, le 22 décembre 1992, à l'âge de 99 ans.

h) Milton George Henschel

Huit jours après le décès de Frederick Franz, Milton George Henschel est élu par la direction comme nouveau président de l'organisation des Témoins de Jéhovah.

Étrangement, très peu d'éléments sont connus sur ce cinquième représentant de la Société. Jusqu'à aujourd'hui, sur Henschel – contrairement aux autres personnalités qui ont occupé des positions élevées au sein de la secte –

---

31. Johannes Greber (1876-1944) réalise des traductions du Nouveau Testament inspirées de communications spirites. Selon son récit, il rencontre en 1923 un jeune médium prétendant que des « esprits » se manifestent par sa voix. Intéressé par ce phénomène, le prêtre organise régulièrement des séances de spiritisme en présence de paroissiens. C'est ainsi que, durant plusieurs années, Johannes Greber pense recueillir des messages venant de l'au-delà et espère puiser « à la source » des explications concernant la Bible et le christianisme. Ses expériences lui attirent les foudres du tribunal ecclésiastique. Il demande et obtient sa mise en congé de l'Église catholique le 31 décembre 1925. Il émigre ensuite aux États-Unis, où il commence une nouvelle vie, se marie, a deux fils et entreprend de rédiger une synthèse de ses notes. Ce travail aboutit à la parution, en 1932, de son premier livre *Der Verkher mit der Geisterwelt* (La communication avec le monde spirite).

aucune biographie ni information importante n'ont été publiées.

En dépit de cela, il est mentionné qu'il voit le jour le 9 août 1920, à Pomona, dans le New Jersey, et qu'enfant, il assiste aux sermons de son père. Ils voyagent dans un camion équipé d'un haut-parleur, et annoncent le message des Témoins de Jéhovah, à travers les États-Unis.

Henschel est baptisé en 1935. Pendant plusieurs années, il est le secrétaire du troisième président, Nathan Knorr. Ils visitent ensemble presque tous les pays du monde. À la suite d'une divergence d'opinion avec Knorr, il se consacrera à l'administration de la secte.

Henschel donnait l'impression d'un homme sérieux. Lors des réunions, il demeurait silencieux et, quand il s'exprimait, il se prononçait avec une étonnante fermeté. Avant de devenir président, il s'oppose maintes fois à des propositions de modifications doctrinaires émises lors de la session des dirigeants.

Governing Body of Jehovah's Witnesses
Current as of September 2012

Anthony Morris III · Guy Pierce · Geoffrey Jackson · Mark Sanderson
David Splane · Gerrit Losch · Samuel Herd · Stephen Lett

i) La soumission des fidèles

La théologie de la Société de la Tour de Garde renie toutes les vérités fondamentales de la foi chrétienne, comme le Salut par la Grâce ou la damnation éternelle. La Trinité est aussi refusée. Les Témoins de Jéhovah croient que Jésus-Christ est l'ange supérieur de Dieu, c'est-à-dire l'archange Michel.

La Tour de Garde (version allemande) du 1ᵉʳ février 1991, page 17, enseigne : « Jésus-Christ est l'archange supérieur de Dieu. Il ne s'agit de personne d'autre que de Michel, l'archange. »

Les Témoins de Jéhovah ne célèbrent aucune fête rappelant l'essence divine de Jésus-Christ. Ils ne prennent pas part à la fête de Noël, aux jeux de Noël, aux chants de Noël, aux échanges de cadeaux ni à d'autres usages liés à la naissance de Jésus-Christ. Aussi n'envoient-ils aucun vœu de nouvel An, et ne célèbrent-ils ni l'Épiphanie, ni la saint Valentin, ni Pâques[32].

De nombreux ouvrages affirment que les Témoins de Jéhovah observent une multitude d'interdits. Dans une brochure de soixante-dix pages, *Recht-liche Untersuchung* (Recherche juridique), le professeur de droit Christoph Link assure que les membres qui enfreignent les lois de la secte sont soumis à de fortes pressions. L'épée de Damoclès pèse constamment sur les adeptes, menacés d'excommunication[33].

Malgré les sanctions d'exclusion, la direction de Brooklyn assure aux Témoins de Jéhovah ne pas dicter de dispositions prohibitives. Comment la corporation dirigeante parvient-elle alors à obtenir ce consensus et une obéis-sance aveugle envers l'autorité de Brooklyn sans susciter l'opposition de ses adeptes ?

Les Témoins de Jéhovah sont persuadés que c'est Dieu lui-même qui a élu la corporation dirigeante. « Comment être redevable de ce que Jéhovah nous accorde par son verbe et son organisation ? » Les adeptes pensent que Jéhovah les guide avec amour, et incite les parents à être de bons modèles[34]. La classe dirigeante représente avec certitude le canal de transmission de Dieu. Les adeptes ont atteint un tel degré de servilité que, pour eux, tout ce qui émane de Brooklyn est tenu comme vrai.

La Tour de Garde (version allemande) du 15 septembre 1965 énonce : « Jéhovah nous conseille aussi par son organisation sur terre. Étant donné que son Esprit Saint agit sur la corporation, les directives sont conformes à Sa volonté. Par les écrits de la Société de la Tour de Garde, nous recevons d'excellents conseils sur l'attitude à adopter concernant le couple et l'adoration de Dieu, ainsi que sur notre comportement envers les autorités terrestres. L'organisation de Jéhovah transmet ses conseils sur notre office,

---

32. *Cf.* la brochure *Die Zeugen Jehovas und die Schule* (Les Témoins Jéhovah et l'école), La Société de la Tour de Garde, 1985.
33. *Hintergrund* du 14/5/1997, p. 5.
34. *La Tour de Garde* (version espagnole) du 1/4/1977.

nos sermons et notre maturité spirituelle. Quelquefois, il peut être utile que le Comité de service de rassemblement[35] rappelle une règle. Par ces différents moyens, l'organisation de Jéhovah prodigue des conseils qui nous aident à rester mentalement équilibrés, à marcher sans cesse sur les pas de Jésus-Christ et à être en harmonie avec Jéhovah. Que ce conseil nous soit donné à travers la Bible ou par l'organisation de Jéhovah, il vient en tout cas de Dieu pour notre bien. Reconnais le conseil de Jéhovah comme le meilleur ! Adopte-le et mets-le en application dans ton quotidien ! Ne t'oppose pas à lui en cherchant des arguments contraires, mais obéis-lui et ne dis pas de mal de l'organisation de Dieu ! ».

La Tour de Garde (version allemande) du 1er septembre 1967 demande : « Quel est le principe fondamental sur lequel repose l'organisation vivante de Jéhovah ? L'obéissance. »

L'ouvrage *In der Anbetung des allein wahren Gottes vereint* (Réunis dans l'adoration du seul vrai Dieu) de 1983, pages 120 à 124, affirme : « Si nous désirons plaire à Jéhovah, nous devons accepter l'enseignement qu'il offre par Son canal, et auquel nous adhérons pleinement. Étant donné que nous respectons l'organisation de Jéhovah, nous accomplissons l'œuvre qu'il mène, nous prouvons que Jéhovah est vraiment notre Dieu et que nous sommes unis dans son adoration. »

La Tour de Garde (version allemande) du 15 août 1984 : « Il est aussi important de ne pas critiquer l'organisation du Seigneur ni ses représentants. »

La Tour de Garde (version allemande) du 1er juillet 1986 : « Certains sont d'avis que les règles et les enseignements de l'organisation visible de Dieu sont trop astreignants et ne laissent pas assez de liberté individuelle. Ils ont cessé de servir la communauté des Témoins de Jéhovah et n'ont plus la volonté d'obéir à ceux qui veillent sur leur âme. »

La Tour de Garde (version allemande) du 1er avril 1988 : « Ainsi, notre Père céleste, Jéhovah, s'adresse à nous à travers sa parole écrite, la Bible, et par son organisation terrestre. Il est important d'écouter, d'obéir et de montrer que nous sommes des adorateurs dévoués. »

La Tour de Garde (version allemande) du 5 août 1989 : « Penser que c'est Jéhovah même qui s'occupe des *Anciens* nous aidera à obéir et à honorer ceux qui assument la direction de l'organisation. Étant donné que ces hommes

---

35. Le Comité de service du rassemblement est aussi chargé de régler les questions et problèmes internes ayant, notamment, trait aux affaires de mœurs, comme la pédophilie.

sont nommés par l'Esprit et que l'organisation de Dieu dans la vie des Témoins de Jéhovah prend une place importante, nous devons être reconnaissants des mesures de la théocratie et les respecter. »

La Tour de Garde (version allemande) du 15 septembre 1994 : « Si nous exécutons les paroles du prêche concernant l'obéissance de Moïse et suivons le conseil de l'apôtre Paul, nous devons, dans le cadre de l'organisation, être fidèles à ceux qui en assument la direction. »

La Tour de Garde (version allemande) du 15 janvier 1997 : « Nous devons servir l'organisation qui est dirigée par l'Esprit. »

La Tour de Garde (version allemande) du 15 mars 1997 : « Afin que nous plaisions à Jéhovah, nous avons besoin dans toutes choses d'un pouvoir de distinction. Si nous étudions la Bible et nous laissons guider par l'Esprit de Dieu et son organisation, il nous apparaît clairement ce que nous avons à faire dans une situation pouvant conduire par ailleurs sur un mauvais chemin. »

La Tour de Garde (version allemande) du 15 novembre 1997 : « La sagesse d'en haut appelle à obtempérer, elle encourage l'obéissance à l'enseignement de Dieu et la collaboration avec l'organisation de Jéhovah. »

La Tour de Garde (version allemande) du 15 août 1998 : Soyons convaincus qu'il est juste d'obéir à Jéhovah et de suivre les directives qu'il donne par l'intermédiaire de l'organisation et d'accepter ses décisions. »

La Tour de Garde (version allemande) du 15 janvier 1999 : « Nous devons nous laisser former par Jéhovah. Il opère par sa parole et son organisation. Si nous nous laissons guider par Jéhovah, il nous assistera, afin que nous utilisions pleinement nos capacités. »

La Tour de Garde (version allemande) du 15 mars 1999 : « Nous voulons tirer toute l'utilité de l'enseignement que Jéhovah dispense par l'organisation. »

La Tour de Garde (version allemande) du 1er avril 1999 : « Si nous voulons bénéficier de l'influence de Jéhovah, nous devons réagir avec empressement et obéissance. »

La Tour de Garde (version allemande) du 15 mai 1999 : « En ces temps difficiles, Jéhovah ne nous délaisse pas, mais il nous assiste à travers son organisation visible et grâce aux bergers et aux *Anciens*. Ainsi, nous sommes en situation de venir à bout des situations critiques, sans perdre notre amour-propre ni notre dignité. »

Il ressort de ces citations que la classe dominante exige une servilité absolue de la part de ses fidèles, dont le comportement est notamment conditionné par les observations répétitives citées ci-dessus. Par exemple, il est mentionné dans *La Tour de Garde* (version allemande) du 1er juillet 1999 : « Les parents qui ont suivi le conseil de Jéhovah et de son organisation sont particulièrement reconnaissants. Ils encouragent aussi leurs enfants, en dehors de l'école, à se tourner vers des sujets hautement spirituels. Les jeunes Témoins de Jéhovah concourent au même but, celui de servir leur Dieu Jéhovah. »

Généralement, ils ne participent pas aux jeux de ballon ni aux exercices de danse, même dans le cadre de l'école. À ce sujet, la brochure *Die Zeugen Jehovas und die Schule* signale que tout écolier exerçant un sport, qui fume ou qui boit, suit un mauvais chemin. Il en va de même pour l'utilisation de stupéfiants et les pratiques sexuelles.[36]

Les Témoins de Jéhovah savent que les jeunes qui s'inscrivent à des sports organisés s'exposent à de « mauvaises fréquentations ». Aussi, affirment-ils que l'esprit de compétition dans le sport moderne est nocif.

Les Témoins de Jéhovah suggèrent à leurs enfants de ne pas s'investir dans un cursus universitaire. *Unser Königreichsdienst* (Notre service au Royaume) de septembre 1995 expose : « Nous sommes redevables de Sa parole et de Son organisation. Jéhovah montre le chemin à prendre ! Jéhovah enseigne à nos enfants inexpérimentés comment suivre la meilleure voie. Quand ils seront plus âgés, ils ne dévieront pas. Les parents désignent les buts gratifiants à atteindre. (...) La collaboration régulière aux travaux de propagande [porte-à-porte, etc.] est importante. Les enfants peuvent y trouver leur place en distribuant des tracts, en lisant lors des assemblées des versets de la Bible ou en offrant des périodiques. Ils peuvent accélérer leur formation spirituelle en se faisant inscrire à l'école du service de prédication [apprentissage de la lecture et de l'annonce de la Bible]. Avant même l'entrée de leurs enfants dans l'adolescence, les parents devraient leur parler, avec réalisme, de la carrière qu'ils peuvent embrasser. À l'école, des conseillers et des camarades risquent de les inciter à adopter des objectifs matérialistes. Par conséquent, les parents aideront leurs enfants à opérer des choix permettant de subvenir à leurs besoins, sans sacrifier les intérêts du Royaume. Si les parents parlent de manière positive des services de pionnier[37], de Béthel

---

36. *Jehovas und die Schule* (Les Témoins de Jéhovah et l'école), La Société de la Tour de Garde, 1985.
37. Un pionnier auxiliaire est un membre baptisé de la congrégation qui s'engage par écrit, et avec l'accord du Collège des *Anciens*, à consacrer au minimum cinquante heures

ou des missionnaires, ils peuvent transmettre à leurs enfants la volonté de consacrer leur vie d'une manière qui plaise à Jéhovah. Ce n'est pas un hasard si, aujourd'hui, beaucoup de jeunes gens choisissent notre organisation, qui met en exergue les valeurs chrétiennes et poursuit des buts théocratiques. Leur réussite revient en grande partie à des parents attentionnés. Quelle direction les parents doivent-ils conseiller à leurs enfants ? Aspirer à une vie qui tourne autour des intérêts du Royaume. Il faut penser que, parmi les choses les plus importantes, nous devons chaque jour parler et inculquer un esprit de vérité. »

Les Témoins de Jéhovah soutiennent qu'ils prêchent exclusivement de maison en maison pour mettre en pratique l'évangélisation des premiers chrétiens. Cette affirmation est fausse[38]. Pourtant, la Société de la Tour de

---

par mois à la prédication. En 2005, la Société de la Tour de Garde recensait 219 926 pionniers auxiliaires dans le monde, dont 3 840 en France. Suivant les mêmes formalités, un pionnier permanent s'engage à effectuer 840 heures de prédication dans une année. Le service de pionnier spécial comprend un personnel nommé par la secte. Ces pionniers consacrent chaque mois 130 heures à la prédication. Ils reçoivent une somme modique pour se nourrir.

38. Le verset 42 du chapitre 5 des *Actes des Apôtres* est traduit ainsi dans la Bible des Témoins de Jéhovah, la *Traduction du monde nouveau* : « Chaque jour, dans le temple et de maison en maison, ils continuaient sans arrêt à enseigner et à annoncer la bonne nouvelle concernant le Christ, Jésus. » Or, en sa traduction de la Bible (1923), le chanoine Crampon précise bien : « Et chaque jour, dans le temple et dans les maisons [κατ᾽ οικον], ils ne cessaient d'annoncer Jésus comme le Christ. » Les Témoins de Jéhovah falsifient les Écritures Saintes, et ce passage en atteste.

Malgré l'interdiction d'annoncer la venue du Messie, les apôtres refusèrent de se taire. « Chaque jour, tous ensemble, ils fréquentaient le temple, et, rompant leur pain dans leurs maisons [κατ᾽ οικον], ils prenaient leur nourriture avec joie et simplicité, louant Dieu et ayant la faveur de tout le peuple. » (*Ac* 2, 46). Le sens de « leurs maisons » est ici très explicite. Dans ce cas, alors, les Témoins de Jéhovah devraient traduire le même verset par : « Chaque jour, tous ensemble, ils fréquentaient le temple, et, rompant leur pain *de maison en maison*, ils prenaient leur nourriture avec joie et simplicité... » (*Ac* 2, 46) Ce qui serait absurde, car les chrétiens n'allaient pas manger de maison en maison. C'est pourquoi, la secte se range sur une interprétation plus officielle et prend soin de traduire ce verset par : « Et jour après jour ils étaient assidus au temple, d'un commun accord, et ils prenaient leurs repas *dans des maisons particulières* et recevaient leur part de la nourriture avec grande joie et sincérité de cœur... » Dans les *Actes des Apôtres* (5, 42), on trouve aussi l'expression « en public et dans les maisons [κατ᾽ οικους] » et « en public et dans les maisons particulières (*Ac* 20, 20), car les premiers chrétiens enseignaient publiquement et en privé. Dans ce dernier exemple, les Témoins falsifient de nouveau les Écritures Saintes pour justifier leur mode de propagande : « ...tandis que je ne me retenais pas de vous annoncer toutes les choses qui étaient profitables et de vous enseigner en

Garde reconnaît que, dans la société moderne, cette manière de prêcher n'apporte plus le résultat escompté. C'est pourquoi, aux États-Unis, des spots publicitaires sont diffusés. Ce procédé est envisagé dans d'autres pays. Des campagnes publicitaires télévisées sont ainsi produites en plusieurs langues comme le français, l'espagnol ou encore le coréen. Le message met en exergue que « l'amour construit des familles heureuses ». Cette annonce est plutôt déplacée pour une organisation qui est connue pour ses nombreux cas de pédophilie et qui « isole ses adeptes du champ social, préconise le châtiment corporel et s'empare ainsi de l'individu, en le coupant de ses relations personnelles[39]. »

j) L'éternelle fin du monde

Un des piliers de la secte est l'enseignement de l'Armageddon, la fin prochaine du monde qui, selon les prophéties de la direction, était déjà annoncé pour 1914[40], 1915, 1918, 1925, 1941 et 1975. Beaucoup de Témoins de Jéhovah se séparèrent de leurs biens et démissionnèrent de leur travail pour attendre, pétris d'espoir, l'événement imminent. Bien que tous ces rendez-vous aient été manqués, peu ont quitté la secte. Paradoxalement, la majeure partie des adeptes trouvèrent une plus grande foi !

Les Témoins de Jéhovah se préparent de nouveau à la fin du monde. *La Tour de Garde* suggère que l'Armageddon se produira cette fois en 2034.

Dans *La Tour de Garde* (version allemande) du 15 décembre 2003, paragraphes 6 et 7, la secte dresse des parallèles entre notre époque moderne et celle de Noé. La page 15, sous le titre *Warnung vor Dingen, die noch nicht zu sehen waren* (Avertissement sur les choses[41] qui n'ont pas encore été vues),

---

public et de maison en maison. » Il n'y a aucun texte biblique disant que Jésus et les apôtres prêchaient « de porte en porte » comme des représentants de commerce !

39. Robin de Ruiter, *op. cit.*, p. 31, *in* Informationsdienst ehemaliger Zeugen Jehovas in Deutschland, *op. cit.*

40. Comme l'Armageddon ne s'était pas produit en 1914, les fidèles pensèrent que l'événement aurait lieu l'année suivante.

41. Les Témoins de Jéhovah n'annoncent pas la fin du monde des hommes, mais la fin du « système de choses » caractérisée par la domination de l'homme par l'homme, la violence et l'injustice. Cependant, contrairement à la secte, la Bible ne précise ni le jour ni l'heure où le Royaume de Dieu mettra fin au système actuel. Réuni en assemblée annuelle à Québec, en juin 2009, le mouvement a réaffirmé sa foi en l'approche de l'Armageddon. Interrogé par le *Journal du Québec*, Hyans Toussaint, un des membres du mouvement en Amérique du Nord, déclare : « *La guerre, les pestes, la situation économique, ce sont toutes des choses qui nous préoccupent. On sent qu'il y a une imminence, bien que l'on*

expose : « Au temps de Noé, YHWH affirma : *Mon Esprit ne demeurera pas toujours dans l'homme, car l'homme n'est que chair, et ses jours seront de cent vingt ans* (*Gn* 6, 3). Ce décret divin, émis en 2490 avant J.-C., annonce la fin du monde impie. Cela signifie qu'à partir de cette date, il reste cent vingt ans avant que YHWH ne fasse *venir le déluge, une inondation de la terre, pour détruire de dessous le ciel toute chair ayant en soi souffle de vie ; tout ce qui est sur la terre périra* (*Gn* 6, 17). Noé fut averti cent vingt ans avant le déluge. L'apôtre Paul écrit : *C'est par la foi que Noé, divinement averti des événements qu'on ne voyait pas encore, construisit, avec une pieuse crainte, une arche pour sauver sa famille ; c'est par elle qu'il condamna le monde, et devint héritier de la justice qui s'obtient par la foi* (*He* 11, 7). Quel lien établir entre l'époque de Noé et la nôtre ? Depuis 1914, les derniers jours de l'actuel « système de choses » ont commencé, et presque quatre-vingt-dix ans [parution de *La Tour de Garde*, le 15 décembre 2003] se sont écoulés[42]. Nous vivons indiscutablement dans le

---

n'ait pas de date, mais pour nous, c'est de plus en plus clair ». Le porte-parole des Témoins de Jéhovah, Doug Dunsire, est catégorique : « *On vit les derniers jours. Nous pensons que c'est très proche. Nous voyons se réaliser les prophéties de la Bible.* »

42. Pour les Témoins de Jéhovah, 1914 est l'année durant laquelle Satan et ses démons ont été précipités depuis le ciel sur la terre. Comment l'organisation arrive-t-elle à cette date de 1914 ? Pour son calcul, elle prend comme point de départ l'année 537 avant J.-C., qui marquerait la fin de la déportation de Juda et de Jérusalem. De là, elle remonte soixante-dix ans en arrière (durée de la déportation) et situe son début en l'an 607 : « Si les soixante-dix années de désolation pour Juda et Jérusalem se sont terminées en 537, elles ont commencé en 607, qui est l'année où Sédécias, roi de Juda, cessa d'être assis sur le trône… » (*Que ton règne vienne !* [version française de *The Kingdom come !*, La Société de la Tour de Garde, 1891], p. 137)

« Quand et comment Jérusalem a-t-elle été foulée aux pieds par les gentils ? Ce *foulage* a débuté en 607 avant notre ère, lorsque la dynastie de David connut une fin brutale. Cette année-là, les envahisseurs babyloniens, menés par leur roi Nébucadnetsar, détrônèrent le roi Sédécias et rasèrent Jérusalem. » (*La Tour de Garde* (version française) du 1/7/1984, pp. 7-8)

Selon les Témoins de Jéhovah, c'est en 607 avant J.-C. que commencèrent les sept temps des Gentils. D'après différents textes prophétiques de la Bible, l'organisation calcule que cette période devrait correspondre à 2 520 années et se terminerait en 1914. Voici le détail de la réflexion : « Toutefois, qu'est-ce qui nous permet d'affirmer que les sept temps correspondent à 2 520 ans ? Les calculs qui nous conduisent à ce résultat sont analogues à ceux qui ont été élaborés en 1877 par Charles Russell, et qui sont publiés dans le livre *Les trois mondes*, dont il était le coauteur. En lisant le livre de la *Révélation (Apocalypse de saint Jean)* 12, 6-14, on remarque que 1 260 jours équivalent à un temps (1 temps) et des temps (2 temps) et la moitié d'un temps, autrement dit trois temps et demi. Par conséquent, un temps vaut 360 jours, de sorte que sept temps font sept fois plus, soit 2 520 jours.　　Si, maintenant, nous comptons un jour par année, conformément à

temps de la fin (*Dn* 12, 4). Comment devrions-nous réagir aux avertissements ? *Le monde passe, et sa concupiscence aussi ; mais celui qui fait la volonté de Dieu demeure éternellement* (*1 Jn* 2, 17). C'est pourquoi, il est temps de faire la volonté de Jéhovah en toute conscience, car le temps presse. »

Pour les Témoins de Jéhovah, celui qui n'est pas capable de lire entre les lignes ne viendra vraisemblablement pas à la conclusion qu'une nouvelle date de fin du monde a été révélée.

Dans le paragraphe 21, à la page 19 de cette même parution de *La Tour de Garde* (version allemande) [du 15 décembre 2003], il est exposé que le parallèle entre le temps de Noé et notre époque devrait nous rendre plus conscients de la signification des événements, car il avertirait du jour où le Christ viendra « ainsi qu'un voleur pendant la nuit » pour juger les méchants (*1 Th* 5, 3).

2034, année de la fin du monde pour les Témoins de Jéhovah, se produirait donc cent vingt ans après 1914. Il s'agit d'une analogie avec la période de cent vingt ans, qui sépare 2490 de 2370 avant J.-C. Une telle amplitude offre surtout une durée suffisamment longue pour maintenir les adeptes dans un nouvel espoir cristallisé par la Société. Les spéculations sur la fin des temps constituent un terreau fertile pour toutes les sectes. Pour justifier son existence, la hiérarchie doit maintenir une certaine attente et susciter un espoir.

Pour la Société de la Tour de Garde, l'année-clé, 1975, obéit au même procédé de reprises de l'Ancien Testament. En 1975, l'Armageddon n'était pas annoncé mot pour mot. Cette date a été suggérée en tenant compte des six mille ans d'histoire de l'humanité[43].

Les Témoins de Jéhovah enseignent qu'après l'Armageddon viendra le jugement dernier et l'anéantissement des « mauvais », c'est-à-dire tout élément extérieur à la secte.

---

une règle biblique, les sept temps deviennent 2 520 ans (*Nb* 14, 34 ; *Ez* 4, 6). Il ressort que les sept temps des Gentils s'étendent de 607 avant notre ère à 1914. » (*La Tour de Garde* du 1/7/1984, pp. 7-8) Or, les preuves historiques et archéologiques profanes et religieuses démontrent que la chute de Jérusalem est intervenue en 587-586 avant J.-C., et non en 607, ce qui discrédite tout l'édifice chronologique de l'organisation, ainsi que la date de 1914 ! Malgré cette erreur, la fin des temps ne s'est toujours pas produite.
43. La suggestion de l'année 1975 comme étant l'année probable de l'intervention de Dieu sur la terre est mentionnée implicitement dans le livre *La vie éternelle dans la liberté des fils de Dieu*, publié en anglais en 1966 et en français en 1969.

Les Témoins de Jéhovah pensent qu'ils vivront sur terre après l'Armageddon. L'organisation enseigne rigoureusement qu'ils participeront au Nouvel ordre mondial qui sera dirigé de manière invisible pour l'homme par le « gouvernement céleste ». La secte enseigne que 144 000 esprits invisibles, sous la direction du Christ, appartiennent à cette supra-gouvernance. En-dehors des apôtres et des fidèles du Christ du premier siècle, ces esprits désignent aussi les membres de la classe dominante de la secte.

D'après la doctrine de la Société, la mort d'un Témoin de Jéhovah signifie son endormissement jusqu'à sa résurrection. Concernant les membres de la classe dominante, les « oints », ils se transformeront en êtres spirituels pour entrer dans le ciel et régner avec le Christ.

La doctrine souligne que seuls les 144 000 élus profiteront des fruits de la résurrection du Christ ! Ils pourront être les « Fils de Dieu ». Les Témoins de Jéhovah ordinaires se verront privés de la plus grande partie des promesses et bénédictions de la Bible. Ils sont réduits à des personnes de seconde classe, avec une espérance de Salut de moindre qualité. La majorité des croyants de la Société de la Tour de Garde sont condamnés à être de simples enfants de Dieu[44].

Les traductions et les théories des Témoins de Jéhovah sont construites sur des mensonges ne figurant en aucun cas dans la Bible.

k) Les transfusions sanguines et ses contradictions

Les Témoins de Jéhovah pensent que les transfusions sanguines s'opposent à la loi de Dieu[45]. Or, derrière cette affirmation dogmatique se cache une doc-

---

44. *Gott bleibt wahrhaftig* (Dieu reste authentique), La Société de la Tour de Garde, 1955, p. 161.

45. Pour justifier l'interdiction des transfusions, les Témoins de Jéhovah s'appuient notamment sur deux passages bibliques : « Tout ce qui se meut et qui a vie vous servira de nourriture : Je vous donne tout cela comme l'herbe verte. Seulement, vous ne mangerez point de chair avec son âme, avec son sang. » (*Gn* 9, 3-4) Ce verset concerne le fait de manger du sang. Il ne s'agit pas de manger du sang seulement, mais bien de manger du sang avec la chair (viande, peau...). « Car l'âme de toute chair, c'est son sang, qui est en elle. C'est pourquoi j'ai dit aux enfants d'Israël : Vous ne mangerez le sang d'aucune chair ; car l'âme de toute chair, c'est son sang : quiconque en mangera sera retranché. » (*Lv* 17, 14). Ce passage concerne seulement l'action de consommer du sang, tout comme dans les *Actes des Apôtres* 15, 28-29 : « Il a semblé au Saint-Esprit et à nous de ne vous imposer aucun fardeau au-delà de ce qui est indispensable, savoir, de vous abstenir des viandes offertes aux idoles, du sang, de la chair étouffée et de l'impureté. En vous gardant de ces choses, vous ferez bien. Adieu. » Encore une fois, la secte interprète à souhait

trine fluctuante. La première mention de l'interdiction des transfusions émise par la Société de la Tour de Garde apparaît très tardivement, en 1945. Cependant, les Témoins de Jéhovah qui acceptent une telle intervention, sont exclus de la Société.

En 1993, le courrier d'une succursale de la Société de la Tour de Garde, adressé au gouvernement de la République tchèque, traite de quelques controverses concernant les Témoins de Jéhovah de ce pays. La lettre aborde la question des transfusions sanguines concernant les sujets mineurs. La Société soutient qu'elle n'influence pas la décision de ses adeptes. Il y est seulement mentionné que les transfusions vont à l'encontre de la loi de Dieu. Les déclarations de ce courrier sont naturellement différentes de ce que les Témoins de Jéhovah assènent dans leurs publications et en cercle fermé[46].

Le cas de la Bulgarie met en exergue une autre hypocrisie. Le 9 mars 1998, un compromis fut décidé entre le gouvernement bulgare et la secte, dans le but de faire reconnaître les Témoins de Jéhovah de Bulgarie en tant qu'association religieuse. La Commission européenne des droits de l'homme a entériné cet accord portant sur l'institution d'un service civil, alternatif au service militaire, et sur la position des adeptes concernant les transfusions sanguines.

Le rapport de la Commission européenne adopté le 9 mars 1998 (application n° 28626/95), alinéas 2.1 et 2.2, mentionne :

2.1- les patients Témoins de Jéhovah recourent systématiquement aux soins médicaux pour eux-mêmes et leurs enfants ; il appartient à chacun d'entre eux d'utiliser son libre-arbitre, sans aucun contrôle ni aucune sanction à l'encontre du requérant ;

2.2- s'agissant du respect de la législation sanitaire bulgare, l'association chrétienne (*sic !*) des Témoins de Jéhovah de Bulgarie s'engage à respecter son application :

2.2.1- en ne fournissant pas de déclaration préalable de refus de transfusion sanguine aux personnes mineures ;

2.2.2- en ce qui concerne les personnes majeures, en observant les dispositions de ladite législation et en reconnaissant à chaque individu la liberté de choix.

---

le sens premier des Saintes Écritures.
46. Robin de Ruiter, *op. cit.*, p. 33, *in* Informationsdienst ehemaliger Zeugen Jehovas in Deutschland, *op. cit.*

La secte pratique un double langage, faisant preuve tantôt d'ouverture à l'égard des institutions européennes très compatissantes, tantôt de la plus grande fermeté, en bafouant toute liberté de choix, quand elle s'adresse à ses adeptes. Des sympathisants troublés par le libellé de cet engagement, contraire aux injonctions sur les transfusions, ont écrit au siège de Brooklyn. Dans sa réponse du 27 août 1998, la secte fournit ces éléments :

« Ceci signifie-t-il que les Témoins de Jéhovah ont modifié leur position quant au traitement médical ? Non. Le libellé qui doit être incorporé dans les statuts de l'association des Témoins de Jéhovah en Bulgarie décrit la façon dont les Témoins de Jéhovah ont traditionnellement traité ces questions. Il est important de comprendre que les Témoins de Jéhovah croient que chaque personne est libre de choisir sa ligne de conduite, non seulement en ce qui concerne les traitements médicaux, mais dans tous les aspects de la vie et de la religion. Chaque individu est responsable de ses choix et de ses répercussions. En tant qu'organisation religieuse, nous expliquons les principes bibliques, tels que l'exigence de s'abstenir de sang, mais c'est à chacun qu'il appartient de suivre ces principes ou non. Avant qu'une personne ne devienne Témoin de Jéhovah, les principes de la Bible lui sont clairement édictés. Bien entendu, si un membre baptisé Témoin de Jéhovah s'engage dans une conduite qui transgresse les principes bibliques, on s'efforcera avec amabilité d'aider cette personne égarée à retrouver sa spiritualité. Si elle rejette cette aide et refuse de soutenir les principes bibliques, y compris les principes bibliques se rapportant au mauvais usage du sang, cela pourra conduire à son exclusion, action qui s'appuie sur les Écritures (*1 Co* 5, 11-13). »

Le 24 mai 2000, les dirigeants de la Société décident, de nouveau en apparence, que tous les membres sont libres et ceux qui reçoivent une transfusion ne seront plus bannis de la Société[47] ! Cependant, durant ces deux années, de mars 1998 à mai 2000, de nombreux adeptes bulgares décédèrent en raison de la stricte interdiction (officieuse) des transfusions sanguines.

La Société de la Tour de Garde donne l'impression, au monde extérieur, qu'elle a abandonné l'interdiction jadis très stricte des transfusions sanguines. En réalité, rien n'a changé à l'intérieur de la secte. Si un Témoin de Jéhovah

---

47. Un cas épique montre que, au-delà de cette notion de transfusion sanguine, les Témoins de Jéhovah n'en oublient pas moins les questions d'ordre financier : le 27 janvier 2007, une adepte âgée de la Société de la Tour de Garde avait été transfusée contre son gré et avait obtenu une réparation de 65 000 euros, alors qu'elle en réclamait 250 000. (*TJ-Recherches*).

accepte une transfusion, il est considéré comme ayant quitté la communauté. À travers son propre comportement, il montre qu'il ne veut plus être un Témoin de Jéhovah. Un adepte qui consent à recevoir une transfusion, renie automatiquement son appartenance. Cette mise à l'index équivaut à une expulsion de la secte.

Par ce changement d'apparence, les dirigeants de l'organisation espèrent dissiper la mauvaise réputation de leur groupe, afin d'obtenir le statut de religion, plus avantageux pour les déductions fiscales.

Le cas du Mexique offre une autre démonstration des positions pernicieuses de la secte. Après 1945, la législation de ce pays refuse aux organisations religieuses, y compris à l'Église catholique, le droit de propriété. Toutes les maisons et tous les établissements appartenant à une communauté religieuse sont déclarés possession de l'État. Pour rester propriétaire de ses biens fonciers – les espaces, les logements et les grandes imprimeries – de 1946 à 1989, la Société de la Tour de Garde nie être une société religieuse. Elle applique une stratégie inverse à celle déployée en Bulgarie et dans les pays où elle veut conquérir sa reconnaissance en tant que religion. Elle prétexte que sa mission réside dans l'alphabétisation de la population mexicaine. Le travail de ses fidèles consiste à l'enseignement de l'écriture et de la lecture. Pour ce faire, l'énorme complexe d'imprimerie que l'organisation possède à Mexico n'est pas enregistré sous le nom de la Société de la Tour de Garde ou des Témoins de Jéhovah, mais sous celui d'une entreprise privée, Grupo Editorial Ultramar S.A. Pendant toutes ces années, la direction des Témoins de Jéhovah fait croire que le gouvernement leur a interdit tout droit d'exercice du culte et l'usage de la Bible.

Dans leurs documents, ils utilisent alors des mots-clés ou des symboles hermétiques aux personnes extérieures. Au lieu de « Dieu » et de « Jéhovah » est employée l'expression de « Maître supérieur ». Le « Grand Maître » désigne le Christ ; la « Salle du Royaume » devient la « salle d'étude » ; l'« acte symbolique » remplace le « baptême » ; les « collaborateurs » sont changés en « frères et sœurs » ; les « études culturelles » supplantent les « études bibliques » ; le terme « Communauté » est préféré à celui de « Société ».

De plus, les Témoins de Jéhovah mexicains ne peuvent pas se déclarer comme objecteurs de conscience, car ils ne sont pas considérés comme liés à une communauté religieuse. C'est pourquoi, pendant cette période de quatre décennies, les dirigeants de Brooklyn autorisent leurs adeptes mexicains à soudoyer les autorités militaires afin de se soustraire à leur devoir national.

l) Le Contrôle mental

La Société constitue une véritable menace à l'ordre public. Les Témoins de Jéhovah sont les victimes du Contrôle mental (*Mind control*), auquel ils sont soumis pendant leurs rassemblements, mais aussi lors des lectures de *La Tour de Garde*. Par l'étude de cette dernière, *La Tour de Garde*, le Témoin de Jéhovah pense acquérir une pensée qui correspond à une vérité préétablie.

Il lit des passages numérotés et répond aux questions à étudier. Ces textes prennent la forme d'une récitation constante, fournissant la seule compréhension de la Bible à adopter. Son esprit se trouve ainsi manipulé, et sa confiance envers ce qui est étranger à l'organisation disparaît. Les références psychologiques et morales sont remplacées par d'autres valeurs dont les seuls garants sont les Témoins de Jéhovah.

L'élite de Brooklyn façonne le comportement des plus jeunes, ainsi que leurs pensées, leur vie affective et sexuelle. Les dirigeants s'appliquent ainsi à tenir leurs disciples à distance de toutes les personnes extérieures susceptibles de dénoncer les erreurs et les falsifications de l'organisation. Les sujets de la secte, quels que soient les éléments apportés, ne pourront que très rarement accorder du crédit à un acteur « hors-secte ». Leur mécanisme de réflexion est annihilé par des méthodes qui, paraissant inoffensives, s'avèrent pourtant très efficaces[48].

Le sataniste Charles Manson, fondateur de la Manson Family, secte proche de l'église de Satan, qui avait commandité, en août 1969, à Los Angeles, l'assassinat de l'actrice américaine Sharon Tate, définissait ainsi le Contrôle mental : « Je peux convaincre n'importe quelle personne de n'importe quelle chose si j'agis avec une intensité correspondante et si le sujet n'a d'autre source d'information que la mienne[49]. »

Le deuxième président de la Société de la Tour de Garde, Joseph Franklin Rutherford, vitupérait : « Nous ne pouvons pas tuer ceux qui nous ont appar-

---

48. Julia Darcondo, psychologue, est entrée dans la Scientologie pour ne pas perdre le contact avec son fils, qui a tout abandonné pour s'y consacrer entièrement. Elle observe que cette secte utilise des jeux simples consistant à faire lever la tête à un groupe de non-initiés, à regarder le plancher ou encore à chercher dans la salle un objet blanc pour aller l'atteindre, regagner sa place et toucher la main de la personne qui est sur sa droite. Par ces jeux anodins, qui déclenchent la bonne humeur, le conférencier scientologue a subtilement préparé son auditoire en se servant des techniques d'hypnose collective ; *cf.* Julia Darcondo, *La pieuvre scientologique*, Fayard, 1998, pp. 23-24.
49. Alain Woodrow, *Las Nuevas Sectas* (Les nouvelles sectes), Mexico, Lincoln, 1991, p. 199.

tenu et qui se sont séparés de nous, car les lois ne nous y autorisent pas. Mais si nous pouvions exercer une totale domination, nous les tuerions sur-le-champ[50]. »

L'auteur Fritz Springmeier observe : « Il est impressionnant de voir combien de fois les méthodes psychologiques de la Société de la Tour de Garde jettent la confusion et donnent lieu à un véritable cauchemar. Dans l'ancien Congo belge, pendant les années 1920 et 1930, des adeptes de la secte du Watchtower Movement (Mouvement de la Tour de Garde) avaient mal interprété les enseignements et pensaient que Dieu avait demandé de tuer tous ceux qui n'étaient pas membres de l'organisation[51]. » Plusieurs personnes furent assassinées.

À Brooklyn, la direction prétend que l'on associe à tort les Témoins de Jéhovah aux anciennes pratiques de ce mouvement. Alors, comment justifier que, dans ce pays d'Afrique, les autochtones connaissaient le nom de la Société de la Tour de Garde ? Ce cas n'est pas unique.

Le journal mexicain *Alerta* du 1er juin 1985 relate : « Un Témoin de Jéhovah tua huit personnes parce qu'elles refusaient d'épouser sa croyance. Il se réfugia dans une grotte et se suicida. » L'officier de police et le directeur du ministère public rapportèrent que des heurts apparurent il y a plusieurs années quand un groupe d'étrangers s'implanta pour convertir les habitants. Par des menaces de mort, le coupable avait déjà essayé de contraindre d'autres personnes à rejoindre la secte. »

Le journal italien *Liberazione* du 11 août 2001 relate un suicide qui se déroula à Rome pendant un congrès international : « Il est neuf heures et demi, dans le grand stade de football où quatre-vingt mille Témoins de Jéhovah entament la deuxième journée du rassemblement. Le jeune Espagnol Eloi Barrero Peréz, originaire de Valence, escalade la clôture de la plus haute tribune, et se jette de vingt-cinq mètres de haut. Plus tard, Oscar Martinez, responsable de la délégation espagnole, qui compte trois mille membres, explique que le jeune adepte était dépressif et suivait un traitement. Le soir précédent, Eloi Barrero Peréz aurait confié son mal-être à un ami, faisant allusion au désir de mettre fin à ses jours. Ce Témoin aurait été atteint de schizo-

---

50. W. J. Schnell, *Treinta Años Esclavo en la Torre de Vigia* (Trente ans esclave dans la [Société de la] Tour de Garde), Grand Rapids, 1976, p. 35.

51. Fritz Springmeier, *Be wise as Serpents* (Soyez prudents comme les serpents) [Ce titre vient de l'*Évangile selon saint Matthieu* (10, 16) : « Soyez donc prudents comme les serpents, et simples comme les colombes. »], Lincoln, 1991, p. 199.

phrénie », état mental pouvant être causé par les techniques de Contrôle mental. Nous n'apprendrons jamais ce qui amena le jeune homme, pendant le congrès, à un tel acte de désespoir. Était-il vraiment schizophrène ou ne supportait-il plus le fait de vivre au sein d'une secte dont il était psychologiquement dépendant[52] ?

Dans une lettre, une mère évoque le comportement de sa fille, Témoin de Jéhovah. Son attitude rappelle encore celle d'une victime du Contrôle mental : « Jusqu'à la fin du C.O.U. (cours de préparation pour l'université en Espagne), ma fille recueillait de très bonnes appréciations. Elle entra à l'université à l'âge de dix-huit ans. En première année, elle eut la malchance de rencontrer un jeune homme adepte des Témoins de Jéhovah. Ils se fiancèrent. Ce fut le début de tous les problèmes. Cette secte est comme une araignée venimeuse tissant sa toile avec patience et minutie. Ma fille n'avait plus de temps libre. Je n'aurais jamais pensé qu'elle pouvait changer de religion comme de chemise. Ils firent d'elle une Témoin de Jéhovah. Malgré son inscription, elle cessa d'étudier. Une année auparavant, elle avait investi dans des livres et du matériel universitaire. Un beau jour, elle quitta la faculté, se plaignant de la longue durée de ses études, détail qu'elle n'ignorait pas avant d'entamer le cursus. Je la voyais toujours triste, hébétée et sans allant. À la maison, elle parlait très peu. Elle ne quittait plus sa chambre, à l'exception des dimanches pour rejoindre les assemblées. Elle ne sortait même pas pour prendre son dîner ou pour nous souhaiter une bonne nuit. Les Témoins de Jéhovah atteignent leur objectif : extirper une jeune fille du giron familial pour la soumettre à leur influence, en prenant bien garde que les parents n'enrayent pas leur misérable plan. Je peux seulement espérer que ma fille retrouvera ses esprits et qu'il n'est pas trop tard. Face aux dommages moraux et spirituels engendrés par cette secte, je désire recommander, de toute urgence, à tous les parents qui ont leurs enfants dans des écoles ou des universités, de faire attention aux Témoins de Jéhovah et d'en interdire toute fréquentation. Il est très triste que ma fille ne puisse plus lire d'autres ouvrages que ceux imposés par la secte. Les Témoins de Jéhovah l'ont tant conditionnée qu'elle a fui ses anciennes amies. Elle détourne le regard quand elle les rencontre dans la rue. Elle n'a pas le droit d'entrer dans une discothèque et, pour le peu qu'elle nous parle, elle nous a affirmé que la danse était un péché[53]. »

---

52. Informationsdienst ehemaliger Zeugen Jehovas in Deutschland, *op. cit.*
53. Robin de Ruiter, *op. cit.*, p. 37.

Cette description corrobore l'intention de la secte : réduire l'homme à un état passif, démuni de tout sens critique et lobotomisé.

Chapitre 2

La Société de la Tour de Garde et la Franc-maçonnerie

Bien que les écrits sur la Franc-maçonnerie soient nombreux, la nocivité de cette secte demeure grandement ignorée. Toute volonté d'approfondissement de ses origines et de ses objectifs réels se heurte à des difficultés quasi-insurmontables. La Franc-maçonnerie est entourée d'un rideau opaque qui empêche les non-initiés de découvrir ses mensonges. L'origine de cette organisation est attribuée à la construction du Temple de Salomon. D'après les Francs-maçons avides de respectabilité, elle est liée dès ses débuts aux usages des bâtisseurs.

D'un point de vue historique, nous rencontrons d'abord une Franc-maçonnerie *opérative* appartenant à la période médiévale. Les cathédrales et les fortifications magnifiques construites dans toute l'Europe seraient les preuves visibles de sa production. Les bâtisseurs sont alors répartis sur trois niveaux – Apprentis, Compagnons et Maîtres – qui s'accompagnent de rites de passage spécifiques d'un degré à un autre. Ils utilisent comme symbole de leur profession le marteau, les ciseaux, la règle, le compas et l'équerre. Or, ultérieurement, aucune cathédrale ne sera bâtie. Les ouvriers ne seront donc plus initiés...

a) Les origines de la Franc-maçonnerie

En Angleterre, dès le début du XVIIᵉ siècle, les loges commencent à ouvrir leurs portes à des membres n'étant pas affiliés à la profession des constructeurs. Ces nouveaux adhérents se distinguent surtout par leur intelligence et leur origine : ils sont nobles, érudits, bourgeois, artistes, politiciens, etc. Ces nouveaux maçons, devenus de plus en plus nombreux, prennent la direction de l'institution.

La Franc-maçonnerie qui, au début, était *opérative*, active dans le domaine artisanal, s'est mue en une Franc-maçonnerie *spéculative*. C'est pourquoi,

Jean-Claude Lozac'hmeur, professeur de philosophie française, développe : « La Maçonnerie *spéculative* que nous connaissons aujourd'hui a succédé à une autre, *opérative*, qui réunissait de véritables maçons. L'épithète *Franc* est lié au fait que, au Moyen Âge, ces ouvriers étaient exempts de taxes et pouvaient se déplacer librement. L'origine compagnonnique de la Maçonnerie moderne ne saurait guère être mise en doute. En distinguant entre l'Ordre – la Franc-maçonnerie traditionnelle et initiatique, qui date de temps immémoriaux – et les obédiences telles que le Grand Orient ou la Grande Loge, qui sont des créations récentes, Marius Lepage, historien et initié, souligne la remarquable similitude entre les catéchismes maçonniques primitifs et les rituels du compagnonnage[54]. »

Lozac'hmeur précise que, « parmi ces spéculatifs, il y eut des hermétistes, qui apportaient d'Italie des idées nouvelles. Ce sont eux qui organisèrent les loges sur le modèle des académies platoniciennes. C'est ce qui explique la présence, dans les rituels modernes, d'emprunts à des traditions extérieures, hébraïques, égyptiennes ou templières. L'évolution se produisit d'abord en Écosse, au XVIe siècle, puis gagna l'Angleterre au XVIIe siècle : *C'est à Édimbourg*, écrit W. L. Wilmhurst [*The Masonic Initiation*, 1948] *que nous trouvons, en 1600, la première initiation, inscrite au procès-verbal, d'un Maçon non* opératif *dans une loge opérative... C'est à Newcastle, en 1641, que l'on retrouve la première initiation certaine d'un Maçon* non opératif *en pays anglais. La seconde, celle d'Elias Ashmole, étudiant ès sciences occultes, eut lieu à Warrington, où il fut initié en 1694, l'influence protestante gagnant du terrain*[55]. »

En 1717, quatre loges anglaises s'associent pour former la Grande Loge de Londres, qui fixe les usages et les règles des anciennes loges sous le titre : *Les devoirs d'un Franc-maçon*. Ces constitutions établissent encore la composante sur laquelle tous les Francs-maçons de toutes les obédiences du monde se réfèrent. La Grande Loge de Londres passe pour la loge mère de toutes les autres. À partir de l'Angleterre, elles s'implantèrent sur tout le continent et dans les colonies.

La Franc-maçonnerie gagne l'Amérique par l'intermédiaire d'Étienne Morin, mandaté en 1761. Le *Rite de Perfection ou d'Heredom*, qui compte une échelle sélective de vingt-cinq degrés, est alors innové[56].

---

54. Jean-Claude Lozac'hmeur, *Fils de la veuve*, Éd. de Chiré, 2002, pp. 21-22.
55. *Ibid.*, p. 24.
56. *Ibid.*, p. 28.

Les grades d'Apprenti, Compagnon et Maître forment la Franc-maçonnerie bleue. Au-dessus, se répertorient les grades répartis du 4e au 18e degré pour la Franc-maçonnerie rouge, du 19e au 30e pour la Franc-maçonnerie noire et, enfin du 31e au 33e pour la Franc-maçonnerie blanche.

Comme dans la plupart des sociétés secrètes, il existe dans la Franc-maçonnerie des rites d'entrée et d'inauguration. Cette secte prétend, bien entendu, que le secret d'initiation ne peut être retranscrit par des mots et que son origine est inconnue.

Le *Dictionnaire universel de la Franc-maçonnerie*, publié en 1974 par l'historien Daniel Ligou, classifie plus de cent cinquante pratiques allant de formules magiques sur l'astrologie à des rites Illuminati, Ordre appartenant à la Franc-maçonnerie suprême.

b) Satan, maître des loges

De nombreux évêques de l'Église anglicane étaient membres de la Franc-maçonnerie. Mais, en février 1985, le synode général anglican, lors de l'assemblée de son « parlement », demanda si un chrétien était autorisé à appartenir à la Franc-maçonnerie. En mai 1987, la décision fut négative. Le rapport d'information du synode mentionne comme point le plus choquant l'utilisation de « *Jah-bu-lon* », nom occulte de Dieu, ainsi que la formule du serment, dans laquelle le Franc-maçon doit proférer plusieurs menaces de vengeance contre les « frères » qui divulgueraient un secret de l'Ordre. Un des actes de vengeance consiste à partager en deux le corps du traître avec une hache, à couper sa tête et sa main droite et à brûler ses tripes. Le synode établit que, malgré sa radiation des rites maçonniques, cette formule de serment est encore bien en vogue. Concernant « *Jah-bu-lon* », le pasteur anglican Walton Hannah, dans son livre *Darkness Visible : A Christian Appraisal of Freemasonry* (La partie visible des ténèbres : une évaluation chrétienne de la Franc-maçonnerie) (1952), soutient que ce mot reprend les trois déités « Jéhovah-Baal-Osiris ». Dans *Illuminati, le culte qui détourne le monde* (2012), Henry Makow expose que la Franc-maçonnerie admet le diable, sous le nom de « *Jah-bu-lon* », son Seigneur sacré. Cet auteur canadien, docteur en littérature anglaise, célèbre pour ses positions contre l'homosexualité, la Franc-maçonnerie et le sionisme, confirme les allégations de Walton Hannah en arguant que le nom de « *Jah-bu-lon* » est bien un composite de Yahvé, Baal, et Osiris.

Les Francs-maçons promettent, solennellement, une obéissance aveugle aux statuts de l'Ordre et aux exigences de leurs supérieurs. Dans le cadre du serment d'obéissance, il est rapporté que la divulgation des secrets, même en cas de danger de mort, est strictement interdite. L'histoire de William Morgan démontre que la trahison est punie de mort par l'Ordre. Il préparait avec un journaliste du nom de Miller la publication de secrets liés à la Franc-maçonnerie. Le malheureux disparut, en 1826, dans les chutes du Niagara. Sur son mémorial, il est gravé, en guise d'avertissement : « À la mémoire de William Morgan, citoyen de Virginie, qui fut enlevé et assassiné par les Francs-maçons pour avoir révélé les secrets de l'Ordre. »

Le secret est caractéristique de la Franc-maçonnerie. On affirme ainsi que beaucoup de ceux qui appartiennent aux grades bleus et rouges ne connaissent pas et ne connaîtront jamais les véritables objectifs de l'Ordre occulte. Paul Copin-Albancelli, Franc-maçon du 29e degré, se retire quand il adhère aux cercles internes et prend connaissance de l'essence luciférienne qui se cache derrière les « hauts grades ». Après avoir reconnu les véritables objectifs de l'organisation, il décrit dans son livre *La guerre occulte* (1925) les trois parties qui constituent la Franc-maçonnerie :

- les grades bleus restent dans l'ignorance d'un quelconque secret d'importance,
- les grades rouges pensent être instruits des secrets, mais demeurent écartés des véritables objectifs de l'Ordre,
- le « cercle interne international » est composé des vrais seigneurs et maîtres qui se cachent derrière les hauts grades et guident réellement l'Ordre.

Le très conventionnel livre d'histoire *La masonería en Madrid y en España del siglo XVIII al XXI* (La Franc-maçonnerie à Madrid et en Espagne du XVIIIe au XXIe siècle), publié en 2004 par José Antonio Ferrer Benimeli, affirme que quelques « grands maîtres » vivent plongés dans leur « éthique philosophique » sans savoir qui sont les véritables dirigeants.

Albert Pike (1809-1891), général confédéré réputé pour sa cruauté, est un Franc-maçon du 33e degré, guide suprême des Illuminati aux États-Unis. Dans son livre *Morals and Dogma of the Ancient and Accepted Scottish Rite of Freemasonery* (Mœurs et dogme de l'ancien Rite accepté de la Franc-maçonnerie écossaise)[57], édité avec l'autorisation du Conseil supérieur de la Franc-maçonnerie, il développe : « On explique aux grades bleus [ou Franc-maçonnerie bleue] la signification de quelques symboles et on les désoriente de manière intentionnelle par de fausses interprétations. On réserve leur

---

57. Richmond, publié en 1871, réimpression en 1966, p. 819.

signification réelle aux plus hauts grades. Les membres des grades bleus s'imaginent avoir compris l'ensemble de la Franc-maçonnerie. Mais, la Franc-maçonnerie est un sphinx qui se tient caché jusqu'au plus haut niveau dans le sable sous lequel on l'a enseveli à travers les siècles. »

Dans *Los Misterios de la Francmasonería* (Les mystères de la Franc-maçonnerie), Gabriel Jogand Pages, plus connu sous le pseudonyme de Léo Taxil, accuse les Francs-maçons d'adoration satanique. Dans un autre livre intitulé *Les frères trois points*, paru en 1885, il affirme que les rituels maçonniques reposent sur un culte diabolique et luciférien. En 1891, dans *Les Sœurs maçonnes*, Taxil rapporte de manière détaillée la messe satanique que l'on célèbre dans le cercle des hauts grades de la Franc-maçonnerie du Rite palladien[58] fondé par le « pape-diable » Albert Pike[59].

Les reproches de Léo Taxil concernant la parenté très proche de la Franc-maçonnerie avec le satanisme sont attestés sans réserve. En 1887, le périodique maçon *Rivista della Massoneria Italiana* témoigne : « La Franc-maçonnerie considère Satan le Grand comme le maître véritable. »

---

58. Albert Pike, représentant américain du Rite écossais dans les années 1870, fonda un nouveau rite maçonnique, le Rite palladien, en collaboration avec Giuseppe Mazzini, *leader* révolutionnaire italien également dirigeant des Francs-maçons *Illuminés*, de 1834 à 1872. Le Rite palladien, organisation satanique et force instigatrice de la vague du Nouvel Âge (surtout connu de nos jours sous l'anglicisme de *New Age*), a été créé afin de mettre en place une élite maçonnique contrôlant dans l'ombre les différentes loges du monde. Mazzini écrivit à Pike que ce rite serait le rite suprême, occulte et qui donnerait aux Francs-maçons de degrés supérieurs le pouvoir de gouverner secrètement les autres Francs-maçons. Le 14 juillet 1889, Pike expliqua aux vingt-trois conseils suprêmes de la Franc-maçonnerie universelle que les Francs-maçons adorent un dieu sans superstition. Ensuite, il expliqua que la « religion maçonnique » devait rester dans la pureté de la doctrine luciférienne. Selon A. C. de La Rive, Franc-maçon français du XIXe siècle, rapportant les discours d'Albert Pike dans son livre *La femme et l'enfant dans la Franc-maçonnerie universelle* (1892), la croyance en Lucifer n'est pas révélée avant les plus hauts degrés. Albert Pike affirme que Lucifer était le dieu du bien, de la lumière, et qu'Adonaï (le dieu des chrétiens et des juifs) est un dieu barbare et cruel. Il croyait en la Théorie de la dualité, tout comme Zarathoustra, les Gnostiques et les Templiers. A. C. de La Rive fait aussi le lien entre l'idéologie d'Albert Pike et le communisme : Mazzini et Karl Marx étaient très proches. Avant de se nommer *Bolcheviques*, les premiers révolutionnaires russes se faisaient appeler les *Spartacus,* pseudonyme de Weishaupt, qui fonda la société secrète de l'Ordre des Illuminati.

59. Johannes Rothkranz, *op.cit.*, t. I, p. 114.

Dans *La Masoneria y su Obra* (La Franc-maçonnerie et son œuvre), le Dr Fara mentionne : « On célèbre la cérémonie d'acceptation au 29e degré sous un symbole panthéiste, la tête d'un bouc avec un flambeau entre les cornes, les ailes d'un archange, les bras et les mains d'un homme, le corps d'une femme avec une rose et une Croix sur la poitrine[60]. »

En 1893, l'évêque français Mgr Léon Meurin traite, dans *La Franc-maçonnerie, Synagogue de Satan*, de l'adoration de Satan dans les loges. Le politicien autrichien Friedrich Wichtl atteste : « Les Francs-maçons voient Satan comme leur maître supérieur et leur Dieu[61]. »

Dans un courrier du 14 juillet 1889, Albert Pike communique ses instructions aux dirigeants des vingt-trois Conseils mondiaux supérieurs. Cette lettre, qui explique le dogme luciférien, l'adoration de Satan et celle de Lucifer, et qui tomba entre les mains de personnes non autorisées, divulgue : « Nous disons à la foule que nous adorons Dieu. Mais il s'agit du Dieu que l'on adore sans superstition. La religion devrait être, pour nous tous initiés de hauts grades, maintenue dans la pureté de la doctrine luciférienne. Oui ! Lucifer est Dieu. Et par malheur Adonaï (le nom donné par les Lucifériens au Dieu que nous adorons) est aussi Dieu… car l'absolu ne peut exister qu'en tant que dualité divine. Ainsi, la doctrine du satanisme est une hérésie : la véritable et pure religion philosophique, c'est la croyance en Lucifer, l'égal d'Adonaï. Mais Lucifer, Dieu de lumière et Dieu de Bonté [mensonge diabolique] combat pour l'humanité contre Adonaï, le Dieu des Ténèbres et du Mal[62]. »

Ce passage atteste l'analyse proposée dans l'ouvrage *Los fabricantes de Dioses*[63] : « La Franc-maçonnerie a repris l'antithéisme philosophique des religions secrètes, qui déforme ce que la Bible enseigne sur l'identité de Lucifer, pour le présenter comme Dieu. »

Ces témoignages et réflexions sont confirmés par Lozac'hmeur, constatant que le mythe pseudo-biblique d'Hiram, variante tardive de la légende d'Osiris, « le Grand Architecte assassiné par trois compagnons jaloux, n'est

---

60. Dr Fara, *La Masonería y su Obra*, Madrid, 1935, p. 44.

61. Friedrich Wichtl, *Die Freimaurerei, Weltrevolution, Weltrepublik* (La Franc-maçonnerie, révolution mondiale, république mondiale), Munich, 1919.

62. A. C. de La Rive, *La femme et l'enfant dans la Franc-maçonnerie universelle*, repris par Lady Queenborough, *Occult Theocracy* (Théocratie occulte), Christian Book Club of America, 1931, p. 220.

63. Ed Decker et Dave Hunt, *Los Fabricantes de Dioses* (Les fabricants des dieux), Minneapolis, 1987.

autre que Satan, présenté comme le dieu-civilisateur, victime du Dieu Trine de tradition judéo-chrétienne[64]. » Tel est le secret de la Franc-maçonnerie, celle d'une hiérarchie sataniste se cachant derrière des rites initiatiques et une fausse symbolique.

Il n'y a aucun doute que les Francs-maçons des grades inférieurs, après avoir lu ces témoignages, proféreront d'un ton profondément convaincu : « Ceci est absolument faux, ce sont des mensonges, tout est impossible. » Pourtant, les paroles d'Albert Pike demeurent particulièrement explicites et bien gravées dans le marbre.

À l'occasion de la réunion de toutes les loges maçonniques, le 16 juillet 1782, à Wilhelmsbad, fut signée une alliance entre la Franc-maçonnerie et l'Ordre des Illuminati, fondé le 1er mai 1776 par Adam Weishaupt, professeur de droit canonique à l'université d'Ingolstadt.

Weishaupt avait édifié une hiérarchie complexe de grades secrets. Des milliers d'Européens influents entrèrent dans l'Ordre des Illuminati. Weishaupt et sa légion de conspirateurs œuvraient dans l'ombre à la domination du monde. Cela fut rendu possible grâce au sens de l'organisation du baron von Knigge, membre des Illuminés de Bavière, et à l'aide de quelques Francs-maçons exécutants, ignorant tout des objectifs lucifériens et révolutionnaires de leur Ordre. Les Illuminati de Weishaupt devinrent, en moins de cinq ans, les maîtres secrets de la Bavière et des pays limitrophes. Quand, le 10 juillet 1785, le prêtre Illuminati Jacob Lang est foudroyé, la police bavaroise trouve des documents secrets dans sa serviette. Cet événement confirme les desseins conspirationnistes des Illuminati. L'Ordre est aussitôt dissous. Weishaupt s'échappa et poursuivit ses menées subversives qui trouvèrent un point d'ancrage très favorable aux États-Unis.

Loin des interprétations de la littérature conventionnelle, l'étude de l'histoire officielle ramène sans cesse sur les traces des Illuminati et de la Franc-maçonnerie. Ces conspirateurs lucifériens tenaient les monarchies sous leur coupe, manipulaient et détruisaient des royaumes, instituaient les guerres pour donner naissance au monde sous ses contours politiques actuels. Les Illuminati et les Francs-maçons ont été impliqués dans toutes les grandes révolutions qui, après la guerre d'indépendance des États-Unis, se répandirent dans le monde[65].

---

64. Lozac'hmeur, *op. cit.*, p. 57.
65. Dans *Requiem pour un empire défunt*, François Fejtö (1909-2008) historien d'origine hongroise spécialiste de l'Europe de l'Est, explique la chute de l'Empire austro-hongrois

Selon les déclarations de ses membres éminents, la Franc-maçonnerie dédaigne toute activité politique et préférerait observer une position de neutralité. Ce qui ne l'a pas empêchée, entre autres, de favoriser la légalisation de l'avortement et le mariage homosexuel, autant de lois ayant pour but de détruire la civilisation chrétienne et de rabaisser l'homme, sacrifié sur l'autel de Moloch, au rang d'un simple instrument économique. Une approche plus critique des événements historiques démontre clairement le lien des loges avec les sphères dirigeantes. La participation de la Franc-maçonnerie dans les mouvements révolutionnaires des XIXe et XXe siècles ne fait, là aussi, aucun doute. Son implication dans les bouleversements politiques les plus sanglants, depuis la Révolution française, est notamment prouvée avec brio par Mgr Henri Delassus dans *La conjuration antichrétienne* (1910) et par l'essayiste britannique Nesta Helen Webster dans *World revolution, the plot against civilization* (La révolution mondiale, le complot contre la civilisation) (1921).

En Europe, tous les Premiers ministres britanniques et les Présidents français, à l'exception de De Gaulle, étaient ou sont des « frères » maçons. Les Francs-maçons constituent la plus grande partie des délégués des Nations Unies, de l'Unesco et, bien évidemment, des institutions européennes. Sans être élus, ces fonctionnaires dirigent pourtant la politique européenne.

Aussi, de nombreuses figures du monde politique, y compris les monarques, étaient ou sont des Francs-maçons de haut degré, parmi lesquels on recense des militaires, à l'instar des maréchaux d'Empire et de la grande partie des cadres dirigeants militaires.

N'oublions pas, à ce sujet, Simon Bolivar, le fondateur de l'État bolivien, ni les Présidents mexicains José de la Cruz Porfirio Diaz[66], Manuel Gonzalez, Obregon, Carranza, Calles, Cardenas et Miguel Aleman. En 1917, le Mexique est le seul pays dirigé officiellement par un parti unique, fondé par les loges[67] !

---

par l'influence de la maçonnerie.

66. Le général Diaz fut Président du Mexique de 1876 à 1911. Grand Maître de la loge La Gran Dieta Simbólica, entre 1890 et 1901, il unifia différentes obédiences en usant de la force. *Cf.* José Luis Trueta Lara, *Masones en México* (Les Francs-maçons au Mexique), Mexico, Grijalbo, 2007.

67. Initialisés par les loges maçonniques, cinq articles de la Constitution mexicaine de 1917 sont particulièrement destinés à réduire l'influence de l'Église catholique. L'art. 3 impose la sécularisation de l'enseignement ; l'art. 5 interdit les Ordres monastiques ; l'art. 24 proscrit l'exercice du culte en dehors des églises ; l'art. 27 restreint le droit à la propriété des organisations religieuses ; enfin, l'art. 130 est une atteinte aux droits ci-

Les États-Unis sont par excellence une nation maçonnique ; le pouvoir des loges est immense. Dans leur constitution sont stipulés les principes professés par la Franc-maçonnerie. Leurs adeptes sont nombreux et très influents au gouvernement. Les Francs-maçons occupent pour ainsi dire tous les postes-clés. Les Présidents Bush *Sr* et *Jr*, Clinton, Reagan, Ford, L. B. Johnson, Eisenhower (dont les parents étaient Témoins de Jéhovah), Lincoln, Kennedy, Truman, F. D. Roosevelt, Harding, Taft, Theodore Roosevelt, McKinley, Garfield, A. Johnson, Buchanan, Polk, Jackson, Monroe, Madison et George Washington étaient tous membres d'une loge. Il en va de même pour Barack Obama, installé à la Maison-Blanche depuis 2009.

Et, bien qu'il soit communément affirmé que Ronald Reagan n'était pas Franc-maçon, le périodique *New Age* d'avril 1988 publie une photographie le montrant avec les symboles du 33e grade.

c) Les Témoins de Jéhovah et l'Ordre luciférien

Selon *La Tour de Garde* (version anglaise) du 1er décembre 1916, Charles Taze Russell, voyageant en train, prononça ses dernières paroles : « S'il vous plaît, enveloppez-moi d'une toge romaine. » Pour un non-initié, cette requête est tout à fait incompréhensible. Pour un initié, ce souhait recouvre une importante signification : la toge, la tunique et beaucoup d'autres habits liés à l'Antiquité renvoient aux tenues des Francs-maçons de haut grade dans les loges américaines.

Existe-t-il alors un lien entre la Société de la Tour de Garde et la Franc-maçonnerie ? Pour y répondre, il est essentiel d'enquêter sur les origines religieuses de Charles Taze Russell. Son désir de développer une organisation ne doit rien au hasard, mais résulte d'une profonde réflexion sur les croyances antiques. Ainsi, ressort-il que la Société synthétise l'ensemble des hérésies d'origine arienne.

---

viques des membres du clergé : les prêtres n'ont pas le droit de porter leurs habits religieux, perdent le droit de vote et se voient interdire tout commentaire sur les affaires publiques dans les organes de presse. Quand, en 1917, les dispositions anticatholiques sont inscrites dans la Constitution mexicaine, Venustiano Carranza occupe la présidence de l'État. Il est renversé en 1919 par son ancien allié Alvaro Obregon. Ce dernier partage les idées anticléricales de son « frère » Carranza. La « Guerre des Cristeros » (*Cristeros* signifiant « partisans du Christ ») désigne le conflit armé qui oppose de 1926 à 1929 une rébellion paysanne, défendant l'Église catholique romaine face à l'État mexicain, fortement anticatholique.

Au cours des siècles, il y eut de nombreux groupes refusant l'enseignement de la Trinité divine. Arius, un prêtre d'origine berbère du IIIe siècle, enseignait que le Christ était inférieur à Dieu le Père, comme le feront plus tard les Témoins de Jéhovah…

En 1650, l'asservissement de l'Irlande au Royaume-Uni est achevé. L'île devient la possession de l'Église anglicane, et les catholiques y sont réduits à l'état d'esclaves paysans. En 1801, l'Irlande est officiellement incorporée au Royaume-Uni. De nombreux Irlandais émigrent alors en Amérique. En 1845, quand le mildiou ravage les cultures de pommes de terre en Irlande, l'émigration se transforme en une gigantesque marée humaine.

Avant de quitter le pays, les parents de Russell habitaient dans l'Ulster (Nord de l'Irlande) et étaient membres de l'Église presbytérienne. *La Tour de Garde* (version anglaise) publia en 1916 que Charles Taze Russell reçut effectivement une éducation presbytérienne[68].

Quelle signification revêt en ce début de siècle la nature de cette appartenance religieuse ? Durant cette période, tous les jeunes Irlandais, qui désirent embrasser une carrière pastorale, partaient étudier à l'université de Glasgow, en Écosse. Le Pr Simpson, qui y enseigne, ainsi que certains de ses collègues, sont attirés par la théologie antitrinitaire d'Arius. Le Dr Francis Hutcheson, philosophe, descendant d'une famille presbytérienne irlandaise et un des pères fondateurs des Lumières écossaises, y est aussi connu pour être un admirateur d'Arius. Les étudiants en théologie sont impressionnés par son charisme. Le synode d'Ulster toléra, sur plusieurs générations, cette attitude de refus à l'égard de la Sainte Trinité. L'Église presbytérienne demeura pendant des décennies, sous l'emprise de l'arianisme. Cette réalité ne laisse aucun doute quant à l'influence de l'arianisme au sein de la famille Russell.

Nombre de presbytériens appartiennent également à une loge maçonnique. D'ailleurs, un pasteur, James Anderson, avait rédigé avec Jean-Théophile Desaguliers, fils d'un pasteur de La Rochelle, les premières constitutions de la Franc-maçonnerie moderne. Les presbytériens jouèrent un rôle de premier plan dans différentes loges maçonniques. Certains pasteurs, qui n'appartenaient à aucune loge et qui osaient critiquer l'Ordre maçonnique, perdirent leur ministère. Notons que la plupart des Présidents américains furent, non seulement presbytériens, mais aussi des Francs-maçons de Rite écossais ou, pour certains, comme Barack Obama, d'origine irlandaise.

---

68. *La Tour de Garde* (version anglaise), 1916, p. 171.

Est-ce que Russell appartenait à une loge ? D'après le témoignage de la Société de la Tour de Garde, il s'affranchit des principes chrétiens en 1886. Dans *The Jamestown Evening Journal* du 6 août 1910, le fondateur de la Société développe : « Après avoir refusé le christianisme, j'adorais un dieu inconnu. Je cherchais une manifestation divine. »

Die Zeugen Jehovas in Gottes Vorhaben montre que Russell était avide de tout apprendre de l'enseignement de ce dieu, et ce quelle que soit la source[69]. Dans un de ses prêches, il exposa qu'il avait même étudié les religions orientales. Est-ce que cette quête intellectuelle comportait l'apprentissage et les secrets de la Franc-maçonnerie ?

---

69. *Die Zeugen Jehovas in Gottes Vorhaben* (Les Témoins de Jéhovah dans les plans de Dieu), publié par la Société de la Tour de Garde en allemand en 1960, p. 18.

Pendant quarante années, de 1891 à 1931, dans la partie supérieure droite de la première page de *La Tour de Garde* figure une armure, une épée et une hache, qui sont les insignes de la grande obédience de l'Ordre du Temple des États-Unis, le Grand Encampment (le grand campement). Cet indice conduit par conséquent à la question de l'appartenance de Russell à l'Ordre des Templiers.

De même, dans la partie supérieure gauche du titre de *La Tour de Garde*, apparaissait un symbole représentant une Croix inclinée et une couronne. Les innombrables écrits de Russell portaient cet emblème. Il était accroché comme décoration au mur de son bureau, ainsi que sur la pyramide ornant sa tombe. Quelle est la signification de cette figuration ?

Bien d'autres personnalités l'utilisèrent. C'est le cas de Joseph Smith Jr., Franc-maçon du 33e degré, et de plusieurs cadres éminents des mormons, de l'Armée du Salut, de Mary Baker Eddy, fondatrice en 1879 de la secte de la Science chrétienne. Mary Baker Eddy fut mariée à George Washington Glover, un Franc-maçon de haut-grade. La secte de la Science chrétienne, qui prétend avoir redécouvert les lois appliquées par Jésus dans la guérison des malades, reprend encore de nos jours les insignes des loges maçonniques, ainsi que la Croix de couleur rouge et la couronne, précisément comme la Société de la Tour de Garde. D'après Mary Baker Eddy, la Croix et la couronne symbolisent la fusion des directeurs de la Science chrétienne. L'emblème a une origine maçonnique. Elle l'exploite dans une intention publicitaire et par référence à l'Ordre des Templiers.

La couleur rouge de la Croix, particulièrement frappante, est sciemment utilisée dans l'emblème de Russell. Toutes les éditions de *La Tour de Garde* arborent cette Croix rouge, ressemblant donc sous l'aspect de la teinte à l'insigne de l'Ordre maçonnique des Templiers.

Avant l'acquisition de leurs propres salles de prière, les exégètes de la Société de la Tour de Garde tenaient leurs assemblées principalement dans des loges maçonniques. *La Tour de Garde* (version allemande) du 1er août 1994 confirme que le groupe des Étudiants de la Bible de New York se réunissaient, jusqu'en 1926, dans le temple maçonnique de Brooklyn[70]. Les *Annales des Témoins de Jéhovah* de 1993 attestent qu'au Danemark, de 1912 à 1943, les assemblées se déroulaient à l'Odd Fellow Palæet. L'organisation Odd Fellows [pluriel] passait pour être une branche forte de la Franc-maçonnerie. Pourtant, les Témoins de Jéhovah dénoncent dans leurs publications

---

70. *La Tour de Garde* (version allemande) du 1/8/94, p. 22.

l'occultisme et la Franc-maçonnerie.

Il est tout aussi étrange de relever que la salle de rassemblement des Témoins de Jéhovah, la « Salle du Royaume », dénomination proposée par Rutherford à partir de 1935, est identique à l'appellation des salles des loges maçonniques.

Ces constatations sur l'occultisme des loges conduisent à aborder le personnage maçonnique d'Hiram-Abif. Pour le novice, il est par principe difficile de pénétrer le secret luciférien de la Franc-maçonnerie. Aussi, la personne d'Hiram est-elle entourée d'un grand mystère. Pour les Francs-maçons, Hiram-Abif occupe une place centrale. Il est comparable aux patriarches de l'Ancienne Alliance. Le roi Salomon le fit gardien des ouvriers attachés à la construction du Temple de Jérusalem.

Étant donné que la Franc-maçonnerie occulte sa véritable essence et ses objectifs, et contraint ses membres à garder les secrets des loges, une documentation, inaccessible au profane, s'avère essentielle pour appréhender la signification réelle d'Hiram pour les Francs-maçons[71]. D'après les sources maçonniques, Hiram-Abif est le Messie des « frères »[72]. Dans son livre *Proofs of a Conspiracy against all Governments and Religions,* le Pr John Robison révèle que le fondateur des Illuminati, Adam Weishaupt, égare les chrétiens en enseignant qu'Hiram-Abif est Jésus-Christ, tandis que, comme nous l'avons précédemment abordé, Lozac'hmeur dénonce l'essence satanique de cette entité[73].

Dans ses sermons, jouant de cet esprit de confusion bien typique de l'enseignement des loges, Russell assimila également Hiram au Messie[74]. Quelles étaient ses sources ? Si les Francs-maçons ne parlent pas de leurs secrets avec les « frères » les plus fiables et, par ailleurs, si Russell n'était pas Franc-maçon, comment pouvait-il savoir qu'Hiram était leur Messie ?

---

71. La Bible désigne Hiram-Abif comme un habile artisan, qui fabriqua une bonne partie du mobilier destiné au Temple de Salomon. Son père était Tyrien (habitant de la ville de Tyr, dans l'actuel Liban), mais sa mère était une veuve de la tribu de Nephtali ou « d'entre les fils de Dan ». Cette contradiction apparente s'explique si l'on considère, comme le font certains biblistes, que cette femme, qui naquit dans la tribu de Dan, devint la veuve d'un homme de la tribu de Nephtali, puis se remaria avec un Tyrien. Cette histoire de veuvage fort complexe donnera l'expression maçonnique de « fils de la veuve ».
72. Fritz Springmeier, *The Watchtower & the Masons*, Lincoln, 1990, p. 27.
73. Pr John Robison, *Proofs of a Conspiracy against all Governments and Religions* (Preuves d'une conspiration contre tous les gouvernements et religions), Boston, 1967.
74. *Pastor Russell's Sermons* (Sermons du pasteur Russell), 1917, p. 804.

Russell déclarait que les Francs-maçons croyaient qu'Hiram était le Messie. Il expliquait que Jésus, le Messie de la chrétienté, était identique à Hiram-Abif. Dans le même sermon, il affirmait que la religion maçonnique était fondée sur la Bible. Ce sermon semble pourtant bien à l'écoute des « frères » les plus éminents, qui devaient reconnaître en Russell un homme possédant des connaissances remarquables sur la science occulte des Francs-maçons.

Le lever de soleil est un autre indice considérable. Il apparaît sur la page de titre des premières publications de Russell, dans ses études et dans *La Tour de Garde*. Sa symbolique est purement maçonnique. Il est tout aussi étonnant que ce signe représenté par les ailes d'Amon-Rê, dieu égyptien du soleil, soit un des emblèmes privilégiés de Russell.

Les origines de ce symbole remontent à la magie de l'Égypte ancienne.

Albert Churchward, Franc-maçon du 33e degré, atteste que le symbole des ailes de cette divinité solaire est seulement exploité et compris des Francs-maçons des plus hauts grades[75]. Or, les Francs-maçons ne peuvent pas utiliser de signes distinctifs ni de symboles ne correspondant pas à leur grade.

Les formes rectangulaires et pyramidales constituent la symbolique fondamentale des Francs-maçons. Si Russell n'était pas Franc-maçon, pourquoi ses écrits et ses études empruntaient-ils les mêmes représentations pyramidales ?

Russell fut inhumé sur la propriété de la Société de la Tour de Garde, au Rosemont United Cemetery, à sept kilomètres au nord de Pittsburgh. Il repose avec ses œuvres, dans une boîte scellée, à proximité d'une pyramide de granit rose à base carrée. Sur les côtés de la pyramide trône, dans la partie supérieure, le symbole des Templiers. Ses partisans fixèrent sur le côté de la pyramide une plaque et sa photographie, certainement pour détourner l'attention de la tombe principale. Pourquoi Russell tenait-il à ce qu'une pyramide fût érigée à quelques mètres de son lieu de sépulture ?

---

75. Albert Churchward, *Signs and Symbols of Primordial Man. The Evolution of religious Doctrines from the Eschatology of the Ancient Egyptians* (Signes et symboles de l'homme primordial. L'évolution des doctrines religieuses des anciens Égyptiens), Londres, 1913, p. 86.

La découverte de cartes de membres au Masonic Knight Templar (Templier maçonnique), sur lesquelles le nom de Russell est inscrit, se trouvent dans la loge-mère : la Blue Lodge de Dublin. Celle-ci appartient à la grande loge de Pennsylvanie. Russell était aussi membre du Rite écossais[76].

Dans l'index du livre *Occult Theocracy* (Théocratie occulte), Edith Starr Miller, connue dans les années 1920 pour ses positions contre les mormons et la défense des théories d'une conspiration à l'échelle mondiale, mentionne que Charles Taze Russell apparaît parmi les Francs-maçons éminents[77]. Dans son étude intitulée *The Watchtower and the Masons* (*La Tour de Garde* et les Francs-maçons), Fritz Springmeier soutient que Russell était un Templier. Il expose notamment que la Société de la Tour de Garde se traduit en hébreu par *Mizpah*, que Springmeier définit comme une « partie essentielle de la magie énochienne, pratiquée par les Illuminés de Bavière, les partisans du Nouvel Âge et de nombreuses autres sectes. Springmeier remarque également ment que trois loges templières, toutes nommées « Mizpah », étaient actives dans les régions de prêche de Russell, comme la Pennsylvanie[78].

Charles Taze Russel

76. Springmeier, *op. cit.*, p. 423.

77. Lady Queenborough, *Occult Theocracy*, Californie, 1931, p. 737.

78. *Ibid.*, p. 119 *in* Fritz Springmeier, *The Watchtower and The Masons* (La Tour de Garde et la Franc-maçonnerie), *A Christian Ministry*, 1993, p. 195.

En 1913, dans une allocution, Russell soutient : « Je me réjouis de pouvoir m'exprimer devant les délégués des villes côtières et de trente-cinq États. Nous nous trouvons dans un bâtiment consacré à la Franc-maçonnerie. Quelques-uns de mes meilleurs amis sont Francs-maçons et, moi-même, je suis un Franc-maçon reconnu. »

Dans un autre discours, Russell prétend qu'il a accès aux plus grandes loges[79]. Il ne fait aucun doute que Russell était un Franc-maçon de haut grade. Il était aussi membre des Rose-Croix de Quakertown, en Pennsylvanie. Les cérémonies qui accompagnèrent l'incinération de son corps embaumé et son enterrement se déroulèrent selon les Rites rosicruciens[80].

Après la mort de Russell, Joseph Franklin Rutherford prit donc la direction de la Société de la Tour de Garde. Il était avocat dans le cabinet Draffen & Wright avant d'accéder à la présidence de la secte. Une étude affinée révèle que cette entreprise travaillait principalement avec de grands groupes fiduciaires, dont le personnel de direction était composé d'éminents Francs-maçons. Rutherford, qui gravit les échelons de la magistrature, plaidait devant la Cour supérieure de Washington. En 1908, devenu conseiller juridique de la Société de la Tour de Garde, il fut envoyé à New York pour effectuer l'achat du vieux Béthel de Plymouth, à Brooklyn[81].

Cette même année, il ouvrit une étude et fut, jusqu'à sa mort en 1942, membre du ministère public de New York. Selon les informations de la Société de la Tour de Garde de 1909, il devait s'efforcer de pourvoir des postes d'avocat de l'État de New York, afin de s'acquitter de ses obligations, quand la secte déménagea ses bureaux à Brooklyn. Cette question matérielle ne pouvait pas en être l'unique raison. Il semble que Rutherford était dans la duplicité : sans doute se vit-il contraint, pour solliciter un poste au ministère public, de dissimuler ses contacts avec d'illustres Francs-maçons et des membres du gouvernement.

---

79. *Convention Report*, 1913, p. 359.
80. Springmeier, *op. cit.*, p. 312.
81. En 1909, la Société de la Tour de Garde aménagea à Brooklyn. Un presbytère de quatre étages, jusque-là détenu par l'ecclésiastique et réformateur social Henry Ward Beecher, au 124 Columbia Heights, fut transformé en résidence pour la hiérarchie du siège, ainsi qu'en bureau pour Russell. Le bâtiment d'une ancienne église de Plymouth, situé aux 13-17 Hicks Street (le vieux Béthel de Plymouth), fut acheté et pourvu d'une salle de réunion de huit cents places, d'un service d'expédition et d'une imprimerie. [*La Tour de Garde* (version anglaise) du 1/3/1909]

Rutherford comptait aussi de nombreux contacts au sein même de l'armée, notamment dans l'Académie de Marine, entretenait des liens cordiaux avec le banquier, politicien et sénateur George Louis Wellington (Franc-maçon du 33e degré), le gouverneur de l'Ohio George White, le membre du Congrès Blackburn Barret Dovener, ainsi qu'avec le Franc-maçon William Jennings, trois fois candidat à la Maison-Blanche. Étrangement, Rutherford mena campagne pour ce Franc-maçon de haut-grade, bafouant les positions de neutralité de la secte.

d) Un ancien Franc-maçon dénonce le soutien des loges

En janvier 1924, au Tribunal d'instance de Saint-Gall, se déroule un procès faisant suite à une plainte déposée par les Étudiants de la Bible contre le Dr Fehrmann. L'événement suscite l'attention sur les coulisses de la secte. Le 21 janvier, la communauté protestante de cette ville de Suisse alémanique tient d'ailleurs un rassemblement pour protester contre l'activité croissante des Témoins de Jéhovah.

Dans un rapport, le Pr Köhler de la Faculté de théologie de Zurich s'inquiète des moyens financiers colossaux dont dispose la Société de la Tour de Garde dans la petite Confédération des Alpes. Le Dr Fehrmann, médecin renommé de Saint-Gall, affirme que la secte tire d'importantes aides de la Franc-maçonnerie internationale à seule fin de semer le trouble à l'intérieur des communautés chrétiennes d'Europe occidentale.

Conrad Binkele dément cette allégation. Cet ancien évêque de la Communauté apostolique luthérienne américaine dirigeait les activités de la Société de la Tour de Garde pour la centrale européenne jusqu'en 1925, puis la quitta après des divergences théologiques avec Rutherford. Binkele avait aussi cofondé les Étudiants de la Bible en Allemagne[82].

En tant que témoin principal, le Dr Fehrmann, fournit au tribunal une lettre du 27 décembre 1922, écrite par un Franc-maçon du 33e degré de la loge de Boston et adressée à un « frère » suisse, Herbert von Bomsdorff-Bergen. Ce dernier, ancien Grand commandeur du 33e degré, fut directeur de la correspondance mondiale des « frères » et avait déjà quitté l'Ordre au moment des faits.

Le courrier est libellé en ces termes : « Votre demande concerne l'Association des Étudiants de la Bible, qui a son siège à Brooklyn, dans la ville de New York. Il est certain que ces gens nous sont utiles. Par des moyens

---

82. *Neue Pfälzische Landeszeitung* du 1/4/1924 ; *Miesbacher Anzeiger*, n° 266 du 13/11/1924.

indirects, nous leur offrons d'importants capitaux provenant de nombreux « frères » qui, pendant la guerre, ont gagné beaucoup d'argent. Cela ne met pas à mal leur portefeuille ! Ce sont des Juifs. Au printemps prochain, il est possible qu'un important juriste se rende en Europe. Il a déjà visité à plusieurs reprises ce continent. M. Rutherford entreprendra une campagne par le biais de conférences. Je profite maintenant de l'occasion pour formuler la demande suivante, cher « frère ». Voulez-vous vous assurer que les journaux suisses ne publient aucun article qui s'opposerait à ces conférences ! Par les « frères » de Suisse, vous connaissez des personnes évoluant dans le milieu de la presse. Je vous prie de veiller à ce que l'activité des Étudiants de la Bible ne soit pas exposée de manière négative dans les journaux. Nous avons énormément besoin d'eux, ils doivent être nos pionniers. Que puis-je ajouter ? Vous savez déjà tout. Le principe, pour envahir un pays, est d'utiliser ses faiblesses et de miner ses piliers. En Europe, nos ennemis sont les protestants et les catholiques. Leurs dogmes vont à l'encontre de nos plans, c'est pourquoi nous devons tout entreprendre pour réduire le nombre de leurs fidèles et les ridiculiser[83]. »

Cette lettre avait été publiée le 18 mai 1923 dans les pages du quotidien helvète *Der Morgen*[84]. Début juin, la rédaction du journal reçut les avocats des Étudiants de la Bible qui tentèrent d'intimider le périodique. Mais le journaliste, auteur de la publication, expose courageusement dans *Der Morgen*, n° 124 : « Dans le n° 116, je publie le courrier d'un Franc-maçon américain, duquel il ressort indubitablement que les efforts des Étudiants de la Bible sont soutenus moralement et financièrement par la Franc-maçonnerie mondiale. Dans la mesure où l'on peut utiliser dans ce contexte le mot « moralement ». La publication de cet écrit démontre les menées subversives de la Franc-maçonnerie. Je n'ai pas dit pour autant que les Étudiants de la Bible ont conclu une alliance avec la Franc-maçonnerie. »

La lettre sera reprise en 1924 par les périodiques allemands *Münchner Allgemeinen Rundschau* et *Ecclesiastica*.

Les Étudiants de la Bible n'ont plus intenté d'action en justice. Bien entendu, ils ont toutefois prétendu que la lettre était fausse.

Pourtant, Herbert von Bomsdorff-Bergen certifia : « En janvier 1923, je reçus d'Amérique une lettre d'un Franc-maçon de haut grade qui, fraternel-

---

83. Robin de Ruiter, *op. cit.*, p. 53.
84. *Der Morgen*, n° 116 du 18/5/1923 dans l'article *Sind die ernsten Bibelforscher wirklich so harmlos ?* (Est-ce que les sérieux Étudiants de la Bible sont vraiment si inoffensifs ?).

lement, demanda des renseignements. J'ai donné ce courrier pour publication au quotidien *Der Morgen*. » Il réitéra ses propos, en août 1925, dans [le quotidien] *Abwehr* de la ville allemande de Ludwigshafen.

Étant donné qu'aucune atteinte à l'honneur de l'Association des Étudiants de la Bible ne fut constatée, le tribunal acquitta le Dr Fehrmann. En revanche, la Société de la Tour de Garde fut condamnée à lui verser en dédommagement 450 francs suisses. Après le recours en appel, la Société de la Tour de Garde dut payer 1 313,55 francs suisses au Dr Fehrmann.

Les Étudiants de la Tour de Garde essayèrent ensuite de prouver qu'ils ne recevaient aucun subside des loges. Un groupe de Témoins de Jéhovah d'Eutin, ville du nord de l'Allemagne, déposa dans ce but, sur un compte bancaire, la somme de 10 000 deutschemarks, pour convaincre l'opinion publique qu'ils étaient financièrement indépendants[85] !

e) Les relations de Rutherford avec la Franc-maçonnerie

Après la mort de Russell, la première initiative de Rutherford consiste à faire disparaître pièce par pièce les traces de son prédécesseur, y compris les emblèmes.

Et, au premier regard, il semblerait que Rutherford ait rompu avec les relations maçonniques de Russell. Dans *The Golden Age* du 3 septembre 1930, il attaque de manière véhémente les Francs-maçons. Il les accuse de liens avec le satanisme. L'année suivante, *The Golden Age* du 5 août 1931 publie un article semblable. Cela prouve-t-il que Rutherford n'est pas Franc-maçon ? Absolument pas ! La Franc-maçonnerie s'entoure d'énigmes et de secrets.

À ce sujet, il faut rappeler que William Wirt, représentant du Parti anti-maçonnique (1830-1840) aux États-Unis, était même un ancien membre éminent des loges. Cette technique, consistant à créer une fausse opposition, vise à empêcher l'émergence d'un véritable adversaire. Un tel procédé subversif était essentiel en raison de la colère déclenchée, quelques années auparavant, dans la forte communauté chrétienne nord-américaine, par l'assassinat de William Morgan.

Après ses attaques contre l'Ordre, Rutherford prône des idées contraires. À partir de 1935, il se montre très bien disposé à l'égard de la Franc-maçonnerie. Cette même année, il publie deux articles, dans lesquels il vilipende les poursuites contre la Franc-maçonnerie en Italie et en Allemagne.

---

85. Laurens Stokes, *Kleinstadt und Nationalsozialismus* (Petite ville et nationalisme), Neumünster 1984, p. 700.

Selon ces deux publications, les Francs-maçons ne sont plus accusés de liens sataniques ; d'après Rutherford, ils étaient victimes du fascisme et du Vatican. Étrangement, la Société de la Tour de Garde ne dénonçait plus que les mesures répressives antimaçonniques, tout en restant bien silencieux quant au sort des Juifs, des malades mentaux, des Tziganes et autres boucs émissaires généralement imputées au régime national-socialiste.

Après la mort de Rutherford, la Société de la Tour de Garde continue à publier des articles en faveur de la Franc-maçonnerie. Dans *The Golden Age* du 20 juin 1945, il est question des représailles exercées contre les « frères » espagnols par le général Franco. *La Tour de Garde* (version allemande) du 13 mars 1946 développe l'histoire des premières victimes maçonnes, qui auraient été engendrées par la politique de Benito Mussolini.

Les Témoins de Jéhovah n'appartenant pas à la haute hiérarchie ignorent tout de la Franc-maçonnerie. La direction de Brooklyn ne juge pas nécessaire d'en informer ses adeptes. Un rapport de cinq pages tiré de *Réveillez-vous !* (version anglaise) montre la connaissance précise que les dirigeants possèdent de la Franc-maçonnerie[86]. L'auteur du dossier dépeint, avec un foisonnement de détails, le protocole d'acceptation aux premier, deuxième et troisième degrés. Quoi qu'il en soit, la Société de la Tour de Garde ne se trompe pas sur ses véritables ennemis : elle attaque avec une extrême véhémence les catholiques. Contrairement à la Franc-maçonnerie, la religion catholique est diffamée avec la plus grande âpreté dans les publications de la Société de la Tour de Garde. L'écrivain de l'article, probablement Nathan Homer Knorr, ne prend position contre les loges qu'à la fin de son exposé, en soulignant qu'elles ne sont pas favorables aux Témoins de Jéhovah.

Albert Pike y est mentionné comme un très grand érudit de la Franc-maçonnerie. Le simple fait que le « pape-diable », supérieur occulte des Illuminati aux États-Unis, chef du Rite écossais à Washington, inventeur du Rite palladien, soit cité sous un jour favorable, tend à prouver la bienveillance des dirigeants de Brooklyn envers la Franc-maçonnerie et la pyramide du Mal.

f) Similitudes avec les loges

Comme nous l'avons déjà exposé, les Francs-maçons indiquent leur appartenance à l'Ordre, non seulement à travers l'utilisation d'images symboliques,

---

86. *Awake* (parution en langue anglaise des Témoins de Jéhovah de *Réveillez-vous !*) du 8/8/1958.

mais aussi par des codes passant inaperçus aux yeux du commun des mortels[87]. Dans le cas du quatrième président de la Société de la Tour de Garde, Frederick Franz, un seul indice révèlerait son appartenance à la Franc-maçonnerie : alors que dans toutes les traductions de la Bible figurent les mots de « Seigneur » ou « YHWH », dans le Livre d'*Osée* 12, 14, Franz changea « Adonaï » par celui de « Grand Maître », terme attaché au lexique maçonnique.

Bien d'autres preuves établissent une étroite concordance entre la secte et la Franc-maçonnerie, à l'instar d'*Erwachtet* (version allemande de la revue des Témoins de Jéhovah, *Réveillez-vous !*) du 8 janvier 1993 qui reprend l'expression de « Grand architecte de l'univers », concept divin utilisé par la Franc-maçonnerie.

Pour identifier les fondements de la Société, il est primordial de faire correspondre l'idéologie de la secte maçonnique à celle de la secte. Les deux organisations nient les vérités fondamentales de la religion chrétienne, affirment que le Salut des âmes s'obtient seulement par les bonnes œuvres, et non par la foi en Jésus-Christ, Fils du Dieu Un et Trine. Comme ce fut précédemment étayé, les « frères » maçons et Témoins de Jéhovah se rassemblent dans des salles maçonniques, assimilant Hiram-Abif au Messie.

Les Témoins de Jéhovah et la Franc-maçonnerie possèdent leur propre Bible et pensent que les Saintes Écritures sont rédigées de manière codée, comme si la Parole de Dieu, la vérité, était occulte ou énoncée en filigrane ! Ils enseignent que les secrets des Saintes Écritures sont révélés à des membres initiés et non à tous. Russell proférait dans le périodique *Bible Examiner* (L'examinateur de la Bible) d'octobre 1876, page 27 : « Les Écritures sont comme un temple [expression maçonnique] : pour les découvrir, il est nécessaire de posséder une clé. »

Les deux s'appuient sur la symbolique des nombres et celle des pyramides égyptiennes. Ils exposent entre autres absurdités que Dieu a fait construire la Grande pyramide, à savoir la pyramide de Khéops. Selon leur conception, la pyramide symbolise l'Église.

Ils nient bien entendu la divinité du Christ et exposent qu'Il est seulement homme. Dans l'ouvrage de référence *Morals and Dogma of the Ancient and Accepted Rite of Scottish Freemasonary*, Albert Pike expose, en plus de la dévo-

---

87. *Cf.* Johannes Rothkranz, *Freimaurersignale in der Presse* (Signaux maçonniques dans la presse), Durach, Pro Fide Catholica, 1999 ; et Robin de Ruiter, *Les 13 familles sataniques - La cause de la misère et du mal sur terre*, Mayra Publications, 2013.

tion des « frères » de hauts grades pour Satan, que Jésus fut un homme ordinaire et son histoire n'est que la reprise d'une ancienne légende[88]. Dans un entrelacs de contractions et d'assertions sans fin, d'autres auteurs maçons comparent le Christ à Isis, la déesse protectrice de la mythologie égyptienne[89] [90].

Les deux sectes attendent un Nouvel ordre mondial et un gouvernement planétaire. Elles utilisent l'expression de « Grand Architecte ». Charles Taze Russell reprend celle-ci à maintes reprises dans ses écrits. La Franc-maçonnerie identifie le « Grand Architecte » avec le Créateur de l'Univers, et prononce rarement le nom de Dieu, sans jamais formuler celui de Jésus-Christ.

Ainsi, les Francs-maçons et les Témoins de Jéhovah suivent le calendrier israélite. « Avant » ou « après J.-C. » devient « avant » ou « après l'ère universelle ».

Les deux enseignent que l'on peut jurer un mensonge pour protéger les « frères ». Ils affirment aussi qu'il n'est pas utile de divulguer la vérité à des personnes qui n'ont pas besoin de la connaître[91].

Ils sont convaincus de la supériorité de la race blanche. Russell demandait aux Étudiants de la Bible de n'offrir aucun livre ou périodique aux Noirs, peu instruits et incapables d'en tirer un quelconque intérêt. Et, dans la plupart des États américains, les loges n'acceptent pas les Noirs.

Les Témoins de Jéhovah et les Francs-maçons accordent de l'importance aux « théories » gnostiques opposées à la tradition chrétienne. Ils s'emparent du même champ lexical ainsi que des pratiques rituelles. Ces faits démontrent une étroite relation cultuelle entre la secte et les loges maçonniques.

---

88. Richmond, 1921 ; réimpression 1966, p. 34.
89. Jim Shaw, *The Deadly Deception* (Mortelle tromperie), Lafayette, 1988, p. 239.
90. Dans le mythe osirien, Isis est l'épouse et la sœur d'Osiris qui, grâce à ses « pouvoirs magiques » (démoniaques), l'a ressuscité le temps d'une union de laquelle naquit le dieu Horus.
91. *Ibid.*, p. 137 ; *cf. La Tour de Garde* (version anglaise) du 6/1/1960, p. 352.

Chapitre 3

La Société de la Tour de Garde et le sionisme

Le 14 mai 1948, jour de la proclamation du nouvel État d'Israël par David Ben Gourion à Tel-Aviv, concrétiserait les promesses que Dieu a formulées dans les Saintes Écritures. Est-il permis d'en douter ? Les Premiers ministres israéliens, Golda Meir, de 1969 à 1974, David Ben Gourion, de 1948 à 1954 et de 1955 à 1963, et Menahem Begin, de 1977 à 1983, ont ouvertement déclaré que la création de l'État d'Israël remontait à la promesse faite par Dieu au peuple élu dans les temps bibliques.

Aussi, quand l'État d'Israël, désormais souverain et doté des pouvoirs militaire et économique, obtint la reconnaissance des grandes puissances, des milliers de Juifs commencèrent à immigrer. Cependant, à travers la relecture des prophéties, pouvons-nous reconnaître un quelconque accomplissement biblique dans la fondation de cet État, comme le proclamait Russell ?

a) La fondation d'Israël... un accomplissement biblique ?

Dans *Ézéchiel* (37, 20-22), il est écrit : « Les bois sur lesquels tu écriras seront dans ta main, à leurs yeux. Et dis-leur : *Ainsi par le Seigneur YHWH : Voici que je vais prendre les enfants d'Israël du milieu des nations où ils sont allés ; Je les rassemblerai de toutes parts et les ramènerai sur leur sol. Je ferai d'eux une seule nation dans le pays, sur les montagnes d'Israël ; un seul roi régnera sur eux tous ; ils ne seront plus deux nations, et ils ne seront plus séparés en deux royaumes.* »

L'actuel État d'Israël est une République, et non un royaume ; et Ézéchiel ne parle pas des Juifs, mais des fils d'Israël ! Il s'agit d'une différence majeure. Les Juifs appartiennent aux fils d'Israël, mais les fils d'Israël ne sont pas tous juifs. Le peuple juif représente seulement la douzième partie des fils d'Israël.

Les politiciens sionistes affirment que la Constitution d'Israël est fondée sur l'Écriture hébraïque (Ancien Testament). Concernant le patriarche

Abraham, nous lisons dans la *Genèse* (22, 15-18) : « L'ange de YHWH appela du ciel Abraham une seconde fois : *Je l'ai juré par moi-même, dit YHWH : parce que tu as fait cela, et que tu ne m'as pas refusé ton fils, ton unique, Je te bénirai ; Je multiplierai ta postérité comme les étoiles du ciel et comme le sable qui est au bord de la mer, et ta postérité possédera la porte de ses ennemis. En ta postérité, seront bénies toutes les nations de la terre, parce que tu as obéi à ma voix.* » Ce serment fut répété au fils d'Abraham, Isaac, et à Jacob (fils d'Isaac), dont le nom fut changé en « Israël ». Israël avait douze fils, qui furent les fondateurs des douze tribus.

La maison d'Israël est constituée des tribus de Ruben, Siméon, Lévi, Juda, Dan, Nephthali, Gad, Aser, Issachar, Zabulon, Joseph et Benjamin.

En raison des promesses faites à Abraham, Dieu conclut avec les descendants d'Israël une alliance et établit, de ce fait, les fondations d'une nation consacrée à Dieu.

Le royaume a été fondé par Saül (le premier roi des israélites) et consolidé par David (le deuxième roi d'Israël). En 931 avant J.-C., à la mort du roi Salomon, fils de David, le royaume fut partagé en deux : le petit royaume de Juda, dans le Sud, avec Jérusalem comme capitale, qui tombera en 587 avant J.-C. ; et le royaume d'Israël, dans le Nord, avec Samarie comme capitale.

Après cette séparation, dix tribus formèrent le royaume d'Israël. Les Lévites, qui furent désignés par Dieu pour le service du Temple, avaient la particularité de ne posséder aucune région. Ils étaient répartis entre les douze tribus d'Israël, et partirent à Juda pour s'y établir[92]. (*2 Ch* 11, 13-14)

La maison de Juda était constituée des tribus de Juda, de Benjamin et d'une partie des Lévites, tandis que la maison d'Israël était composée des descendants de Ruben, Siméon, Dan, Nephthali, Gad, Aser, Issachar, Zabulon, Éphraïm et Manassé.

Il est important de noter que, dans la « maison d'Israël », le nom de Joseph n'apparaît plus. À sa place, sont mentionnés ses deux fils, Éphraïm et Manassé (*Gn* 48, 5).

À la mort de Jacob, le serment ne fut pas transmis à ses propres fils, mais à Éphraïm, le plus jeune garçon de son fils Joseph, qui devint dès lors l'héritier de la bénédiction d'Abraham (*1 Ch* 5, 1 et *Jr* 31, 9). Parmi les dix tribus connues sous le nom d'Israël, celle d'Éphraïm devint la tribu régnante.

---

92. Lors de la scission entre Juda et Israël, les membres restants de la tribu de Benjamin étaient alliés à celle de Juda. Les neuf autres appartenaient au peuple d'Israël. Les Lévites étaient répartis entre les deux.

Après la division, les deux royaumes poursuivirent leur propre chemin. Au fil du temps, les rois et le peuple transgressèrent, aussi bien en Israël qu'en Judée, les conditions de leur alliance avec Dieu et tombèrent dans un affreux paganisme. C'est pourquoi ces deux entités furent punies par Dieu. Israël (Éphraïm) fut envahi par les Assyriens et Juda par les Babyloniens. Pratiquement toute la population fut déportée et annexée dans les domaines de leurs envahisseurs : Israël en Assyrie et Juda en Babylonie.

Les membres des dix tribus furent décrits par les prophètes comme les « brebis égarées » de la maison d'Israël. Il est important de se référer à Ézéchiel (37, 21), car ce prophète, en annonçant des « brebis égarées », ne parle pas des fils de la maison de Juda, mais des fils d'Israël.

La maison de Juda fut donc punie par Dieu. Nabuchodonosor, le roi de l'Empire babylonien ressuscité, déplace, entre 598 et 586 avant J.-C., une grande partie des habitants de Judée vers Babylone. En 539 avant J.-C., le Perse Cyrus colonise Babylone. L'empereur libère alors les Juifs et leur donne la mission de retourner dans leur pays d'origine, devenu la province perse de Judée, pour y reconstruire le Temple de Jérusalem. Selon la Bible, plus de quarante mille Juifs profitèrent de cette autorisation. Les Textes Saints témoignent aussi que beaucoup préférèrent rester à Babylone et s'y installèrent : ils y constituèrent le premier centre de la diaspora juive[93].

Les Benjaminites retournèrent en Judée. Plus tard, quand, en 70 après J.-C., Jérusalem fut entièrement détruite par Titus, ils quittèrent la Palestine. Apparemment, ils se seraient joints à des populations du Sud de la Russie. Certains indices laissent penser que les Benjaminites furent les ancêtres des Normands et des Vikings islandais. Le loup, emblème de la tribu des Benjaminites, resta pendant des siècles celui de l'Islande.

La maison de Juda ne fut pas reconstruite après la captivité de Babylone. Le « royaume davidique » fut fondé pour compléter le sacerdoce aaronique[94].

Cependant, il est à préciser que la communauté juive, soumise à des

---

93. *Cf.* l'historien juif Flavius JosÈphe (Joseph ben Matityahu) dans son livre : *Antiquités judaïques*.

94. Le sacerdoce aaronique se transmettait de père en fils comme un pouvoir. Les prêtres constituaient par conséquent une caste comprenant une manière de fonctionner et jouissaient d'importants privilèges. Leur position sociale se situait entre Dieu et le peuple, contrairement au sacerdoce catholique qui ne présente pas de succession de père en fils. De plus, dans l'Église, le prêtre n'est pas seulement l'intermédiaire, mais le serviteur d'un peuple qui est appelé à être directement en communion avec Dieu, car le Christ est amour et vérité, et non source de privilèges.

changements permanents, fut écrasée par des vagues de cultures non-juives qui, à cette époque, envahissaient l'espace méditerranéen et d'autres domaines. La plupart des Juifs ne demeurèrent pas seulement sous l'influence de la société babylonienne, mais aussi sous celle de la culture perse. Après l'invasion du Proche-Orient en une campagne éclair menée par l'armée du général en chef Alexandre le Grand, il se produisit une fusion des cultures grecque et juive, avec une expansion de la langue, de la culture et de la philosophie grecques.

Quand l'Empire grec fut avalé par l'Empire romain, le judaïsme tomba sous la domination de Rome. Au Ier siècle après J.-C., les israélites se composaient de cinq grands courants existant dans l'ancienne Judée : les pharisiens, les sadducéens, les esséniens, les zélotes et les hérodiens.

En 70 après J.-C., il y eut une révolte ouverte contre Rome. Les Romains assiégèrent Jérusalem, rasèrent la ville et incendièrent le Temple. Soixante ans plus tard, entre 132 et 135, survint une autre grande rébellion : la révolte de Bar Kokhba, ou *seconde guerre judéo-romaine*, est la seconde insurrection des Juifs de la province de Judée contre l'Empire romain, et la dernière des guerres judéo-romaines.

À la suite de ces nouveaux troubles, tous les Juifs furent bannis de Jérusalem, qui devint romaine. La majorité de la population judaïque se dispersa en Asie, en Grèce, à Rome et jusqu'en Afrique du Nord.

Au XIIe siècle, se produisit dans différents pays une expulsion massive des Juifs. À la fin du XVe siècle, ils furent renvoyés de nombreuses nations occidentales. En 1492, 160 000 Juifs espagnols durent quitter le territoire d'Isabelle la Catholique avant le 10 août. Beaucoup d'entre eux s'installèrent en Europe de l'Est, sur l'actuel territoire russe où vivait déjà la moitié de la diaspora. Or, les membres de cette dernière ne sont pas les descendants de la maison de Juda : ce sont des Khazars, qui dominent le puissant Empire « juif » s'étendant du Caucase à la mer Noire (700-1610 après J.-C.)[95].

Les Khazars sont apparentés aux peuples tartare et mongole. Lorsque leur roi, Bulan, se convertit au judaïsme, tous les Khazars durent apprendre l'hébreu, prier comme les Juifs et se faire circoncire sous peine d'être condamnés à mort. Ils devaient reconnaître les rabbins comme leur guide spirituel. Quand les Khazars attaquèrent les peuples russes, ils tuèrent les hommes, violèrent les femmes, les convertirent au judaïsme et les épousèrent.

---

95. Nathan M. Pollock, *The Jews that aren't* (Les Juifs qui n'en sont pas) dans le quotidien *San Diego Union* du 28/8/66.

L'Empire juif khazar fut réprimé en 1230 par le Mongol Batu Khan, petit-fils de Gengis Khan. La majorité des Juifs khazars réussissent à fuir vers l'Ouest, pour s'implanter en Hongrie, en Bohème, en Autriche, en Roumanie, en Russie et en Pologne.

Les Juifs, y compris les sépharades, qui vivent aujourd'hui en Israël, ne sont donc pas plus concernés par les desseins d'un quelconque accomplissement biblique que les autres.

Ézéchiel annonçait que les fils d'Israël devaient avoir un roi. Or, Israël est une République et non pas une nation régie par un système monarchique. De plus, Ézéchiel pensait aux douze tribus et non, pas uniquement, à celle de Juda. D'après les meilleurs historiens juifs, 90 % des Juifs vivant actuellement en Israël ne descendent pas de la tribu de Juda. Ils sont des descendants des Khazars. En outre, 83 % de la population israélienne est athée[96].

b) Le sionisme contre le judaïsme

Neue Illustrierte Sopena Lexikon définit le sionisme comme l'« effort des Juifs à regagner le territoire de Palestine, le foyer de leur patrie ». Les organisations internationales juives contribuent à ce programme de retour. Par ailleurs, il n'est pas nécessaire d'être Juif pour être sioniste. Israël compte de nombreux défenseurs n'ayant aucune origine commune avec le peuple juif.

Les critiques portant sur le sionisme sont rares. Cette tendance explique le titre d'un ouvrage de Pascal Boniface, publié en 2003, *Est-il permis de critiquer Israël ?* Le thème du sionisme est absolument tabou. Toute objection envers le sionisme et Israël est assimilée à un sentiment d'antisémitisme, à la haine du judaïsme et à un mépris des Juifs en tant que groupe ethnique. Cette réaction est d'autant plus contradictoire que le sionisme est une conception politique dépassant le seul clivage religieux. Qui plus est, toutes les idéologies et religions peuvent être analysées et remises en doute. Le christianisme et l'islam font fréquemment l'objet d'analyses controversées. Tout citoyen a le droit de s'opposer à un gouvernement et à un régime politique sans encourir plus qu'une polémique. Là encore, le sionisme fait exception ! Concernant ce sujet particulier, la liberté d'opinion n'est pas permise.

Sur l'échiquier politique, la condamnation du sionisme est associée aux courants de l'extrême-droite ou de l'extrême-gauche. D'ailleurs, la présente

---

96. Udo Walendy, *Deutsch- israelische Fakten* (Faits des relations germano-israéliennes), Hanovre, 1981, p. 2 : *Historische Tatsachen n° 10* (Réalités historiques) [périodique de Science politique et des relations diplomatiques].

étude qui traite uniquement du sionisme, n'attaque pas le peuple juif. Nombre de déclarations et d'affirmations importantes concernant ce mouvement proviennent d'écrivains et d'historiens juifs. Cet exposé ne contient rien d'antisémite, à moins que la vérité n'ait déjà une coloration. Le seul objectif poursuivi est la démonstration des liens de la Société de la Tour de Garde avec le sionisme et les arcanes du pouvoir.

Quand les Juifs persécutés à travers l'Europe de l'Ouest s'installèrent en Russie, ils durent affronter les autorités nationales opposées à leur venue. Le couronnement du tsar Alexandre II signifie pour la population juive de Russie une période de relative accalmie. Pour la première fois, des Juifs exercèrent les professions de médecin, d'architecte, de juriste et d'industriel. Le tsar, très conciliant, leur confia la reconstruction économique du pays et la fondation de la Banque nationale.

Cette ère d'ouverture ne dura pas longtemps. L'assassinat du régent, le 13 mars 1881, fut attribué aux Juifs. Des pogroms, comme la Russie n'en avait jamais connus, s'ensuivirent. Un groupe de jeunes idéalistes juifs partit en Palestine pour fonder un foyer dans lequel pourraient, théoriquement, se réfugier les Juifs persécutés d'Europe de l'Est. Ils achetèrent un espace à proximité de Jaffa pour s'y établir et cultiver la terre. Plus tard, des Juifs de Roumanie et de Russie les rejoignirent. En 1883, il y avait deux cents familles juives organisées en six colonies. Le sionisme était né.

D'après les historiens, le sionisme avait déjà établi ses principes fondateurs, en 1860, à la conférence de Thorn, en Prusse. Lors de cette rencontre, il fut jugé nécessaire de réaliser une terre d'asile en Palestine pour les Juifs.

D'après les sionistes, la genèse du mouvement est une imitation des nationalismes du XIXe siècle. Ce projet politique prit de l'essor grâce à l'initiative de Theodor Herzl, qui défendait la vision d'un État juif sur le territoire palestinien. Ce Juif d'origine hongroise était un juriste ayant fait ses études à l'université de Vienne. Il était le correspondant en France du journal libéral autrichien *Neue Freie Presse*. Son idéologie, ainsi que ses propositions politiques et économiques, furent publiées en 1895 dans l'ouvrage *Der Judenstaat* (L'État juif). Deux ans plus tard, Herzl fonde la Zionistische Weltorganisation (Organisation mondiale sioniste). Du 29 au 31 août 1897, se réunissent au casino de Bâle des Juifs du monde entier, pour assister à la première conférence sioniste. Herzl reconnaît dans son journal personnel : « Je résume le congrès de Bâle en quelques mots que je me garderais de prononcer en public. À Bâle, j'ai fondé l'État juif. » Herzl fut le premier à regrouper les sionistes du monde entier dans un même mouvement politique. Telle était la priorité de son mouvement : donner naissance à un État indépendant en Palestine comme nouvelle patrie pour les Juifs menacés en Europe de l'Est.

Herzl envisage : « L'État juif doit comprendre les territoires du Nil, en Égypte, jusqu'à l'Euphrate[97]. » Avant cette époque, les Juifs de Palestine vivaient en paix, avec un million de Palestiniens.

Beaucoup d'Israéliens et de Juifs étaient antisionistes. En effet, les critiques antisionistes les plus exacerbées furent prononcées par le Juif Laurie Magnus qui affirmait : « Le Dr Herzl et ceux qui pensent comme lui sont des traîtres à l'histoire juive, qu'ils ont mal lue et mal interprétée. Ils sont même les coauteurs de l'antisémitisme qu'ils clament vouloir abattre[98]. » En fait, Theodor Herzl n'est pas un Juif convaincu. Toute la propagande sioniste se garde bien de divulguer que le chantre d'une terre juive en Palestine et de l'Eretz Israël proposait à ses congénères viennois, en 1893, de « se faire baptiser en masse à la cathédrale Saint-Étienne[99] ».

Une autre prise de position significative contre le sionisme vient de la Central conference of American Rabbis, aux États-Unis, le 31 décembre 1898. Les rabbins y expliquent leur refus du mouvement sioniste en arguant que l'Amérique et Washington sont devenues la nouvelle Sion. Une campagne de grande envergure commence sous la conduite d'Isaac Wise. Le Pr Louis Grossman affirme pour sa part que l'agitation sioniste contredit les fondements mêmes du judaïsme : « Le mouvement sioniste est quelque chose d'artificiel qui ne provient pas du cœur du judaïsme, ni avant ni maintenant[100]. »

En Allemagne, les sionistes sont combattus. Un comité antisioniste procédant à des actions violentes se forme. Les organisations du judaïsme et leur presse mènent dans tous les pays un combat contre le sionisme. En Allemagne, en Autriche et dans la plupart des pays d'Europe de l'Ouest, la majorité des Juifs et leurs rabbins considèrent le judaïsme comme une religion. À ce titre, ils refusent le sionisme politique, malgré la vague grandissante d'antijudaïsme dont ils sont les victimes. Ainsi, le grand rabbin de Vienne, le Dr Güdemann, déclare dans son livre *Nationaljudentum* (Judaïsme national) : « Depuis la diaspora, Israël est une pure communauté religieuse. » Il avertit

---

97. Theodor Herzl, *Tagebücher* (Journal), 1922, partie n° 2, p. 711.
98. Laurie Magnus, *Aspects of the Jewish Question* (Aspects de la question juive), Londres, 1902, p. 18.
99. Jean-Paul Bled, *Histoire de Vienne*, Paris, Fayard, 1998, p. 337.
100. *Hebrew Union College Journal*, décembre 1899, p. 72.

que la tentative des Juifs de créer une nation équivaudrait à un suicide. Il avance que le judaïsme a construit sa maison dans le monde entier, que Sion n'est qu'un symbole. Le Dr Güdemann donne au messianisme une teneur humaniste. Il pense que seule l'ère messianique réconciliera les nations et liera Sion à l'avenir de l'humanité[101].

Au nom de la Vereinigung der jüdischen Rabbiner Deutschlands (Union des rabbins d'Allemagne), rabbi Maybaum de Berlin et rabbi Vogelstein de Stettin publient une protestation contre les sionistes. Ces deux rabbins y exposent que les sionistes seraient « des fanatiques venus de Russie et de jeunes soupe au lait ». Dans leur propos préliminaire, ils soulignent le principe suivant : « Les Juifs ne sont rien d'autre qu'une communauté religieuse. Les Juifs qui habitent en Allemagne sont de nationalité allemande, et ce bien qu'ils soient restés fidèles à la sainte religion du Sinaï. » Ils demandent que tous les Juifs allemands protestent contre le sionisme politique, et organisent une mobilisation de tous les rabbins et enseignants juifs dans le cadre d'une campagne publique. De nombreux intellectuels juifs allemands se joignent à cette action. À Hanovre, le Dr Meyer, avocat juif, propose une réunion antisioniste où les Juifs pourraient exprimer leurs sentiments patriotiques allemands[102].

La protestation officielle des Juifs allemands contre le sionisme fut publiée le 16 juillet 1897 dans l'*Allgemeine Zeitung des Judentums*. Elle dénonce tout d'abord la tentative des sionistes de fonder un État juif en Palestine. En deuxième point, il est demandé aux Juifs de servir l'État dans lequel ils vivent et de travailler dans l'intérêt de leur nation. En troisième lieu, cette contestation ne s'oppose pas à l'activité des Juifs dans les colonies juives de Palestine, étant donné que celle-ci n'est pas liée à l'établissement d'un État juif. Dans *Die Welt* du 16 juillet 1897, Herzl décrit simplement les rabbins qui soutiennent les positions antisionistes comme des « rabbins protestataires ».

L'historien Ludwig Geiger, représentant des Juifs libéraux de Berlin et fils du rabbin réformiste Abraham Geiger, rend compte d'une prise de position significative des Juifs allemands. Geiger s'adresse en ces termes à ses compatriotes juifs : « Le Juif allemand, qui a sa voix dans la littérature allemande, doit considérer l'Allemagne comme sa patrie, et l'allemand comme sa langue maternelle. Cette nation doit demeurer la seule dans laquelle il a placé tout son espoir. Tout souhait d'une communauté avec des coreligionnaires situés

---

101. Dr Güdemann, *Nationaljudentum* (National-judaïsme), Vienne / Leipzig, 1897, p. 233.
102. Robin de Ruiter, *op. cit.*, p. 65.

à l'extérieur de l'Allemagne serait de l'ingratitude à l'égard de la nation dans laquelle il vit. Le Juif allemand est un Allemand dans sa particularité nationale. Sion est pour lui le pays du passé et non celui de l'avenir[103]. » Geiger va jusqu'à demander que soit retirée la citoyenneté allemande à tout sioniste.

Les synagogues orthodoxes de Russie servent de lieu de revendication contre les sionistes. Un des représentants antisionistes est le rabbin Akiba Rabbinovitch, propriétaire du périodique *Hopeles*, à Vilnius.

Les assemblées espagnole et portugaise se distancent également du sionisme et tentent de mettre en garde les rabbins anglais contre cette entreprise. La majorité des Juifs britanniques ont une attitude de refus à l'égard du sionisme. Parmi les antisionistes anglais, Lucien Wolf est le plus célèbre. Cet historien juif voit dans le sionisme un grand danger qui aboutirait à un sentiment d'antijudaïsme pouvant dévier le cours de l'histoire juive moderne. Il affirme que le sionisme n'était ni utile ni adapté pour mettre fin aux souffrances des Juifs d'Europe de l'Est. Pour lui, la mission des Juifs est à comprendre dans le sens de Mendelssohn : elle doit être pour les nations un exemple de tolérance et de vrai universalisme, tout en faisant valoir son idéal traditionnel.

L'écrivain juif Isaak Deutscher argue : « Même en Europe de l'Est, où ils évoluaient dans de grandes communautés homogènes, (…) les Juifs se considéraient comme des citoyens du pays dans lequel ils vivaient. Ils voyaient leur avenir dans leur pays, et non pas en Palestine. Une bonne moitié des Juifs d'Europe de l'Est, principalement ceux appartenant à leurs grands et puissants mouvements ouvriers, considéraient l'idée d'habiter en Palestine avec une répugnance consciente et irréconciliable[104]. »

Des écrivains israéliens et juifs de grande renommée, tels Tom Segev, J. G. Ginsburg Burg et Jack Bernstein, dénoncent le sionisme. Les Juifs ultra-orthodoxes ne reconnaissent toujours pas l'actuel État hébreu. Ils envisagent le véritable État d'Israël avec le retour du Messie : Lui seul donnera une nation aux Juifs, car il sera l'envoyé de Dieu sur terre. Dans les Saintes Écritures, il n'est nullement mentionné que Dieu fera germer un mouvement politique nationaliste revêtant les formes du sionisme[105].

---

103. *The Jewish Encyclopedia*, t. II, p. 673.
104. Isaac Deutscher, *Die ungelöste Judenfrage* (L'insoluble question juive), Berlin, 1977, p. 79.
105. Victor Ostrovsky, *Mossad – De keerzijde van het bedrog* (Mossad. Le revers de la tricherie), Amsterdam, 1995, pp. 334-352.

Selon les Juifs orthodoxes, la politique sioniste discrédite le nom et l'histoire du peuple juif. Lors de la troisième conférence de l'ONU contre le racisme, qui se déroula en septembre 2001, à Durban, des Arabes et des Juifs manifestèrent ensemble contre le sionisme !

Toutefois, des Juifs, mais également des chrétiens, considèrent le sionisme comme un accomplissement de l'Ancien Testament. L'écrivain juif Jack Bernstein justifie bien à propos : « Le judaïsme est une religion, alors que le sionisme est un mouvement politique fondé par les mêmes Juifs qui constituaient la force du communisme. L'objectif du sionisme est un gouvernement mondial sous le contrôle des sionistes et de la haute finance juive internationale[106]. »

Le représentant des sionistes, David Ben Gourion, souligne : « Tous les continents seront unis dans une alliance mondiale disposant d'un pouvoir policier international. Toutes les armées seront supprimées et il n'y aura plus de guerre. À Jérusalem, les Nations Unies élèveront un monument aux prophètes au service de l'union fédérée de tous les continents. Ce sera le siège de la cour suprême de l'humanité, qui réglera tous les différends entre les continents[107]. »

Dans un rapport rédigé à l'attention de l'Internationale socialiste sur l'antisémitisme, figure un article qui était paru dans le journal suédois *Judisk Krönika* (Chronique juive) le 1er févier 1988 : « Le sionisme provient d'un empire invisible, grand et puissant, composé de personnes de la finance et de l'industrie, un empire qui n'est sur aucune carte du monde, mais qui existe bien et opère partout dans le camp capitaliste. »

c) Le sionisme, une raison de banquiers

Le Canal de Suez est le point névralgique qui garantit à l'Angleterre une suprématie en Égypte. En 1875, les Rothschild rendirent possible l'acquisition, par la Grande-Bretagne, des actions de ce lien de communication : ils accordèrent un prêt au gouvernement britannique lui permettant d'acheter les actions de la Compagnie du Canal de Suez, et d'obtenir ainsi un moyen de contrôler cette voie navigable vitale pour l'Empire de Sa Majesté.

---

106. Jack Bernstein, *Das Leben eines amerikanischen Juden in rassistischen, marxistischen Israel*, (La vie d'un Juif américain dans l'Israël raciste et marxiste), Steinkirchen, 1985, p. 17.
107. Fritz Springmeier, *The Top 13 Illuminati bloodlines* (Les 13 familles Illuminati), Lincoln, 1995, p. 184.

Les principaux bailleurs de fonds du sionisme sont les banques Roth-schild, Kuhn, Loeb & Co., Warburg et Rockefeller. Ces puissantes familles placent discrètement leurs pions. Tout comme les Rockefeller, les Rothschild investissent leur capital dans des projets liés à l'agriculture, à l'industrie et dans d'autres domaines en Palestine[108]. La mainmise sur les flux énergétiques signifie le pouvoir sur le monde entier. Le véritable intérêt de cette région est donc l'extraction du pétrole ! Haïfa trouve sa justification dans cette logique suprématiste : en 1932 débutera la construction d'un oléoduc provenant de Mossoul, en Irak, pour alimenter ce port en « or noir ».

Une modeste colonisation juive s'installe au début du XIXe siècle. Vers 1900, existe en Palestine une communauté de cinquante mille Yichouvs, c'est-à-dire des Juifs présents en Terre sainte avant la création de l'État hébreu.

Le 6 avril 1903, un effroyable pogrom se produit à Kichinev[109]. Trente-trois jours après la fin du massacre survenu dans cette ancienne capitale de la Bes-sarabie, Herzl se rend en Russie. Par courrier, il en informe au préalable, Viatcheslav Plehve, ancien chef de la police tsariste et ministre de l'Intérieur russe, ainsi que Constantin Pobiedonostsev, juriste et « éminence grise » de la politique impériale russe durant le règne du tsar Alexandre III. Or, le pogrom fut l'œuvre de ces deux hommes d'État. La relation entre Herzl et Plehve représente le plus grand secret du sionisme. Quels intérêts unissaient les deux hommes ? Theodor Herzl étaye dans son journal : « Les antisémites deviendront nos amis les plus fiables et les pays antisémites nos alliés[110]. » Il avance aussi : « L'antisémitisme ne nuira pas aux Juifs ; je le considère comme utile pour la formation du caractère[111]. »

Le Dr Leo Wertheimer assure dans son livre paru en 1918, *Der Judenhass und die Juden* (La haine des Juifs et les Juifs) : « L'antisémitisme est l'ange sauveur des Juifs, qui s'applique par des moyens radicaux à ce que les Juifs restent des Juifs. (…) Les antisémites ont créé la conscience juive auprès de

---

108. Les Rockefeller sont les propriétaires des titres de la société israélienne de pétrole Sonol.
109. Un premier pogrom a pour origine la découverte, le 6 février 1903, du cadavre d'un jeune garçon chrétien, Mikhaïl Rybachenko, dans la ville de Dubasari, à une trentaine de kilomètres au nord de Kichinev. Le journal antisémite de langue russe Бессарабец (Bessa-rabien) insinue qu'il a été tué par des Juifs. Un autre journal, Свет (Svet, « Lumière »), accuse les Juifs de crime rituel.
110. Patai, 1960, t. I, p. 84.
111. Theodor Herzl, *op. cit.*

beaucoup de Juifs qui n'en voulaient pas[112]. »

Le sionisme serait lié de manière indissoluble à l'antisémitisme. Sans ce dernier, il ne serait pas viable. Les sionistes nourrissent leur peur et leur dégoût de l'antisémitisme, tout en prenant soin de le raviver. Si l'antisémitisme meurt, le sionisme s'éteindra avec lui.

Dans son ouvrage *Schuld und Schicksal*, J. G. Burg observe : « Plus il y a d'injustices envers les Juifs dans le monde, plus ils sont pourchassés, plus les chances de réussite du sionisme sont grandes[113]. »

Jeshua Goldmann déclare : « Le plus grand danger pour le judaïsme et l'unité juive réside dans un antisémitisme défaillant[114]. »

Le Dr Arthur Ruppin pense que « l'antisémitisme seul n'a pas produit le sionisme, mais qu'en Europe de l'Ouest, il est l'agitateur principal de la question sioniste. Ainsi, le naufrage de l'antisémitisme engendrerait avec lui celui du sionisme[115]. »

Grâce à une campagne menée par le général britannique Edmund Allenby, les Anglais mettent un terme à la domination turque sur la Palestine. Après la victoire britannique sur les Turcs, *Lord* Balfour se rend aux États-Unis où, sous la forme d'une lettre à l'attention de *Lord* Rothschild, il publie la Déclaration Balfour, qui promet aux Juifs, au nom du gouvernement anglais, la fondation d'une entité nationale en Palestine[116]. « Ce pays est le foyer historique des Juifs », déclare l'organisation mondiale sioniste dans un mémorandum de la Conférence de paix signé à Versailles, en 1919.

À la conférence de San Remo, le 25 avril 1922, les alliés occidentaux s'entendent pour que la Grande-Bretagne obtienne le mandat sur la Palestine. Le sommet aide les sionistes à renforcer l'immigration et rend possible la fondation d'une entité avec sa propre économie et administration, au sein

---

112. Dr Franz Scheidl *Israel : Traum und Wirklichkeit* (Israël : Rêve et réalité), Vienne, 1962, p. 18.
113. J. G. Burg, *Schuld und Schicksal* (Culpabilité et destin), Oldenburg, 1972, p. 32.
114. 26e rencontre du congrès mondial sioniste en Israël, le 30 décembre 1964. Citation du Dr Franz Scheidel, *Israel : Traum und Wirklichkeit* (Israël : rêve et réalité), Vienne, 1962, p. 28.
115. Dr Arthur Ruppin, *Die Juden der Gegenwart* (Les Juifs d'aujourd'hui), Cologne, 1911, p. 278.
116. *Sir* Arthur James Balfour était en charge des Affaires étrangères britanniques. Ce conservateur était un sioniste véhément et un membre éminent de la Franc-maçonnerie.

même de la Palestine.

Cette même année, la Société des Nations (SDN) qui donne par conséquent un mandat à la Grande-Bretagne sur la Palestine pour assurer l'établissement du foyer national juif et le développement d'institutions de libre gouvernement, prévoit comme représentation, la Jewish Agency for Palestine (Agence juive pour la Palestine). Cette entité conseillait la SDN sur les questions relatives à cette construction. Dans les années 1930, en pratique, cette institution sert de gouvernement à l'État juif en gestation.

L'achat de terrains constitue un vecteur essentiel de conquête de la Palestine. Hectare après hectare, les organisations sionistes accaparent un pays entier. Elles achètent les terres aux propriétaires arabes et chassent des familles de métayers installées depuis plusieurs siècles. La maîtrise du pays revêt un caractère économique, mais aussi politique. Le principe sioniste est fondé sur « le travail juif pour les Juifs ». Des dizaines de milliers de Palestiniens perdent leurs moyens de subsistance. Le slogan du « travail juif » devient un moyen d'exclure la main-d'œuvre arabe et d'isoler toute une population radicalement spoliée. Pour contraindre à l'émigration les entreprises et la main-d'œuvre arabes, les produits « non-juifs » sont boycottés. Très rapidement, les Palestiniens s'opposent à la fondation de l'État sioniste.

Les sionistes veulent faire de la Palestine un nouvel État pour tous les Juifs : « Une terre sans peuple, pour un peuple sans terre ! » En 1947, quelque 630 000 Juifs et 1,3 million d'Arabes palestiniens vivaient en Palestine. Bien que les Juifs demeurent minoritaires, leur volonté pour occuper les territoires s'affirme. Les Arabes sont expulsés par la violence. Israël génère destruction et pauvreté. La colonisation résulte d'une persécution de la population arabe pour construire une société divisée. En 1917, les Juifs représentent 4 % de la population de ce territoire. À la place des Palestiniens, s'implantent des   intrus juifs qui, pour leur très grande majorité, viennent du continent européen. Les Palestiniens qui choisissent de rester sont alors systématiquement dépossédés de leurs droits et opprimés, sans retenue, par les colons juifs.   Tel est ce foyer du peuple juif menaçant d'embraser tout le Moyen-Orient que Russell défendait dans ces conférences organisées dans le monde entier.

d) Hitler et le sionisme

Les mêmes cercles qui, autrefois, finançaient le mouvement sioniste, subventionnèrent la révolution national-socialiste et Hitler. Les Astor, Morgan, Rockefeller, Rothschild, Warburg, Onassis, Bush et DuPont se tiennent derrière la politique d'apaisement en Europe, qui rend possible l'ascension d'Hitler et sa prise de pouvoir. Les relations d'Hitler avec les sphères sionistes ne sont plus ignorées. Les missions qu'il a à accomplir sont très complexes et demeurent un secret entièrement occulté. Seules quelques personnes, notamment des chercheurs et des écrivains, constatèrent qu'Hitler était un instrument sans lequel Israël n'aurait pu exister.

La majorité des Juifs ne désirent pas s'installer en Palestine et s'opposent ouvertement au sionisme. En Allemagne, les Juifs, particulièrement connus pour leur patriotisme, sont assimilés à la population. Ainsi, les Juifs allemands, qui débarquent en Israël après avoir fui l'Allemagne national-socialiste, sont-ils tout à fait différents des autres Juifs. Ils se considèrent comme Allemands, pratiquent l'allemand, raillent même ceux qui parlent yiddish et pensent avec nostalgie à l'Allemagne d'avant Hitler. L'écrivain juif Isaak Deutscher rapporte dans son livre *Die ungelöste Judenfrage* (L'éternelle question juive) : « Avant comme après l'arrivée au pouvoir du nazisme, l'écrasante majorité des Juifs refusent de suivre l'appel sioniste[117]. » La plupart d'entre eux ne sont pas attirés par une émigration vers la Palestine, et tous les efforts visant à les convaincre sont vains.

En 1933, l'accession au pouvoir d'Adolf Hitler accélère l'émigration systématique de tous les Juifs des territoires du Reich. En 1951, le Pr Bruno Blau, historien juif, affirme : « Aussi étrange que cela puisse paraître, l'État d'Israël est contraint de remercier le Reich. Sans l'impact de l'antisémitisme et du national-socialisme, les Nations Unies n'auraient jamais pris la décision de construire un État juif dans la Palestine arabe[118]. »

L'historien bâlois Heiko Haumann accrédite : « La Shoah soude tous les Juifs et fait de la création de l'État d'Israël une nécessité. »

La persécution des Juifs en Allemagne permet, pour les sionistes, une émigration accrue vers la Palestine[119]. David Ben Gourion, ancien président du comité exécutif du Jewish Agency for Palestine, espère que la victoire des nazis transformera le sionisme en « une force fertile »[120]. Les représentants

---

117. Isaak Deutscher, *Die ungelöste Judenfrage* (La question juive non résolue), Berlin, 1977, p. 79.

118. Pr Bruno Blau, *Der Staat Israel im Werden* (L'État d'Israël en devenir), Frankfurter Hefte, décembre 1951.

119. Tom Segev, *Die Siebte Million – Der Holocaust und Israels Politik der Erinnerung* (Le septième million – L'holocauste et la politique israélienne du souvenir), Hambourg, 1995, p. 29.

120. *Idem.*

des sionistes se réjouissent de la persécution des Juifs allemands et de l'émigration vers la Palestine[121] ! D'après l'historien israélien Tom Segev, quelques mois après la prise de pouvoir d'Hitler, un très haut fonctionnaire sioniste se rend à Berlin pour aborder, avec les dirigeants nationaux-socialistes, le sujet de l'émigration des Juifs allemands et le transfert de leurs biens vers la Palestine[122].

Leurs négociations débouchent sur l'accord Haavara, qui repose sur les intérêts communs du gouvernement allemand et du mouvement sioniste.

L'accord Haavara – désignant en hébreu le « transfert » de biens – fut mis en œuvre par des sociétés fiduciaires fondées en Allemagne et en Palestine. Les Juifs qui prévoient d'émigrer vers la Palestine déposent un avoir en Allemagne. Ce capital est ensuite versé sur un compte bloqué en Palestine servant à acheter des biens allemands[123]. Deux cas de figures sont prévus et deux accords sont conclus. L'un concerne les Juifs qui veulent émigrer vers la Palestine, l'autre s'applique aux Juifs qui restent en Allemagne, mais qui ont l'intention d'y expédier des fonds. Ainsi, les Juifs transfèrent des avoirs, sans que l'Allemagne n'y voie une fuite de ses capitaux. Le Reich, en exportant des biens vers la Palestine, contourne l'embargo britannique.

L'accord Haavara fut paraphé le 25 août 1933 entre la Fédération sioniste d'Allemagne, la Banque anglo-palestinienne (sous les ordres de l'Agence juive, agence exécutive officielle en terre palestinienne) et les autorités économiques de l'Allemagne national-socialiste. La condition est le départ des juifs allemands en Palestine. Ce contrat est le résultat de trois mois de tractations secrètes entre le Reich et la Fédération sioniste d'Allemagne. Il restera en vigueur jusqu'en 1942, c'est-à-dire après le début de la guerre sur le front de l'Est, le 21 juin 1941. On trompe la population juive en lui faisant croire que son unique chance de survie réside dans l'émigration vers la Palestine. Les avoirs des Juifs qui prétendent trouver refuge dans des pays voisins de l'Allemagne restent bloqués ! Toutes les associations juives étrangères font pression sur leur gouvernement respectif pour obtenir des sanctions financières à l'encontre de l'Allemagne. Le mouvement sioniste négocie un gigantesque programme d'exportation de capitaux et de transfert de produits manufacturés entre l'Allemagne et la Palestine. La négociation de cet accord se réalise de façon ultrasecrète.

---

121. *Idem*.
122. *Ibid.*, p. 30.
123. Edwin Black, *The transfer agreement* (L'accord de transfert), New York, 1984, p. 43.

Pour le gouvernement allemand, l'expatriation vers la Palestine signifie la vente de marchandises outremer[124] : cet accord représente la coquette somme de 105,6 millions de Reichsmarks.

D'autres contacts existent avec le régime national-socialiste. Les sionistes pensent que les programmes de reconversion faciliteraient l'implantation massive de Juifs allemands en Palestine. En effet, l'Allemagne abrite un système de camps de reconversion pour les Juifs. Ces infrastructures sont d'abord conçues pour les jeunes Juifs qui ne sont pas impliqués dans la vie active.

Ils doivent acquérir une qualification utile qui servira à la construction d'Israël. Le gouvernement du Reich, qui ne se contente pas de faciliter l'émigration vers Israël, prodigue une aide pratique au développement : les camps d'entraînement forment de jeunes Juifs aptes au service national. Des groupes du NSDAP (*National-Sozialiste deutsche Arbeiter Partei* ou Parti national-socialiste des travailleurs allemands) sont constitués en Palestine. Les liens secrets entre l'Allemagne et Israël ont pour effet la visite en Palestine d'hommes politiques comme Adolf Eichmann[125].

En 1938, après l'annexion de l'Autriche par les troupes allemandes, Eichmann et Alois Brunner dirigent à Vienne la Zentralstelle für jüdische Auswanderung (centrale pour l'émigration juive) et y rencontrent des fonctionnaires sionistes. L'équipe d'Eichmann réside même dans une aile du palais privé du baron de Rothschild[126].

Uri Avnery[127], politicien israélien, membre de la Knesset et antisioniste, rapporte dans son livre *Israël ohne Zionisten* (Israël sans les sionistes) que,

---

124. Liste des marchandises qui, par l'accord Haavara, parviennent en Palestine : bière, tuiles, marbre, porcelaine, équipements sanitaires, articles de quincaillerie, acier, aluminium, appareils photographiques, instruments pour dentistes, médecins, ophtalmologistes et vétérinaires, câbles électriques, lampes, moteurs, générateurs, machines à coudre, coton, jouets, papier, orfèvrerie, tracteurs et autos [*Cf.* ISA, Deutsches General-Konsulat/Jerusalem, n° 671252].

125. Francis Nicoasia, *Hitler und der Zionismus* (Hitler et le sionisme), Leoni am Starnberger See, 1990, pp. 88-110. Cette thèse de troisième cycle pour une université américaine jette une nouvelle lumière sur les relations judéo-allemandes et germano-sionistes comme sur la politique juive du IIIe Reich, de la prise du pouvoir jusqu'au déclenchement des hostilités.

126. Segev, *op. cit.*, p. 47.

127. Né à Beckum (Allemagne), en 1923, Uri Avnery est un écrivain et journaliste israélien connu pour son militantisme à l'égard des droits des Palestiniens. Pacifiste convaincu, il appartient à une tendance de la gauche radicale israélienne.

pendant la guerre, la direction sioniste est peu zélée à secourir les Juifs d'Europe[128]. Les mesures philanthropiques, comme le sauvetage de Juifs allemands peu fortunés, n'offrent aucun avantage à l'accord Haavara. Ces Juifs allemands qui, comme réfugiés, avaient uniquement acquis une autorisation d'émigrer, sont considérés comme du « matériel humain indésirable ». Les responsables de l'émigration allemande en Palestine sont du même avis : « Pour la Palestine, 90 % d'entre eux sont inutiles[129]. »

À Jérusalem, un document du comité de sauvetage, classé dans les archives sionistes, pose des questions pour le moins choquantes : « Qui vaut la peine d'être secouru ? Devrions-nous aider toutes les personnes dans le besoin, et quelles que soient leurs qualités ? Ou ne devrions-nous pas mener une action sioniste-nationale et sauver en première ligne ceux qui peuvent être utiles à Israël et au judaïsme[130] ? Si nous sommes en situation de prêter assistance à 10 000 hommes et femmes capables de construire le pays, au lieu de sauver un million de Juifs qui deviendraient une charge ou, dans le meilleur des cas, constitueraient un élément apathique, nous devons alors sauver les 10 000. Et ce malgré les demandes de l'autre million. Les jeunes pionniers et tous ceux qui sont formés pour effectuer du travail de sioniste valent d'être secourus. » Le document qualifie ces personnes de « meilleur matériel »[131].

Chaïm Weizmann a uniquement en vue l'émigration vers la Palestine[132]. Ce représentant sioniste de premier plan certifie : « Je veux plutôt voir le naufrage des Juifs allemands que d'assister au naufrage d'Israël pour les Juifs[133]. »

Trois semaines après la Nuit de Cristal, qui se déroule du 9 au 10 novembre 1938, David Ben Gourion déclare : « Si j'avais su que, par l'acheminement vers l'Angleterre, il était possible de sauver tous les enfants

---

128. Uri Avenery, *Israel ohne Zionisten* (Israël sans les sionistes), Güterloh, 1969, p. 94.

129. Segev, *op. cit.*, p. 53.

130. Les organisations sionistes avaient reçu des Britanniques le droit, selon des critères convenus, d'accorder les autorisations d'immigration.

131. Segev, *op. cit.*, p. 139.

132. Chaïm Weizmann, chimiste né en Russie en 1874, inventa en 1911 un procédé pour obtenir de l'acétone à partir de grains fermentés, ce qui permit aux Britanniques de fabriquer les explosifs utilisés pour le premier conflit mondial. Il est, de 1916 à 1919, chef des laboratoires de l'amirauté britannique. Pour les périodes 1921-1931 et 1936-1946, Weizmann est président de la Fédération internationale sioniste. Lors de la fondation de l'État d'Israël, il est élu premier Président le 16 mai 1948. Il occupe cette fonction de 1949 à 1952.

133. J. G. Burg, *Schuld und Schicksal* (Culpabilité et avenir), Oldenburg, 1972, p. 5.

juifs d'Allemagne et que, par le transport vers la Palestine, seulement la moitié d'entre eux auraient pu être secourus, j'aurais opté pour la dernière action. » S'agissant de la Nuit de Cristal, David Ben Gourion pense que la « conscience humaine » est susceptible de conduire plusieurs pays à ouvrir leurs frontières à des réfugiés juifs provenant d'Allemagne. Il y voit une menace pour la construction du foyer juif en Palestine et avertit : « Le sionisme est en danger[134] ! » Les représentants de l'État en gestation ne considèrent pas comme un devoir de secourir les Juifs d'Europe. Comme le rappelle Ben Gourion, la mission de la Jewish Agency for Palestine est l'édification de la nation d'Israël[135].

Quand la situation des Juifs allemands se détériora, les demandes d'émigration vers la Palestine augmentèrent de manière exponentielle. En 1939, cette politique d'émigration tourne court : un décret des autorités britanniques limite le nombre des émigrants vers la Palestine. Les Anglais repoussent des bateaux de réfugiés qui ont pratiquement atteint les côtes de la Palestine. Six cents Juifs périssent noyés. Les États-Unis créèrent des obstacles pour empêcher la fuite des Juifs allemands vers le continent américain. L'influence juive américaine qui pourtant aurait été suffisamment forte pour faire élire Roosevelt Président, ne parvint pas à aider les Juifs orthodoxes allemands ! Les Juifs réformés et influents des pays comme les États-Unis saluèrent même les persécutions contre les Juifs orthodoxes. Pourquoi les Anglais, les Américains et les sionistes ne portèrent-ils aucun secours à leurs « frères » juifs ?

e) Le massacre des Palestiniens

La Seconde Guerre mondiale laisse au Proche-Orient une nouvelle situation politique. En novembre 1947, les Nations Unies établissent un plan de partage prévoyant deux États, à savoir un juif et un autre, arabe. Toutefois, les sionistes ont pour objectif de contrôler toute la Palestine. Nous avons observé qu'à ses débuts le sionisme s'était heurté au refus de nombreux Juifs. Quand l'opinion prend connaissance des persécutions du régime hitlérien contre les Juifs, le mouvement sioniste devient plus populaire. La culture de l'Holocauste et les intrigues politiques des puissances occidentales, avec un mélange de terreur et de diplomatie, conduisent à la construction d'un État juif en Palestine.

---

134. David Ben-Gourion, lors d'une séance du comité central, le 7/12/1938.
135. Segev, *op. cit.*, p. 115.

Le 9 avril 1948, les milices sionistes assassinent plus de trois cents civils dans le village de Deir Yassin. Cette opération, menée par le groupe terroriste Etzel, montre que l'expulsion des Arabes est non seulement une conséquence de la guerre, mais la continuité par le crime d'une politique consciente de mise en minorité de la population palestinienne. Parmi les 475 villages que compte la Palestine en 1948, 385 sont réduits en cendres. De nombreux Palestiniens sont exécutés froidement, et environ dix mille sont blessés, estropiés ou passés à tabac. Des femmes enceintes sont violées et éventrées. La nouvelle du massacre provoqua un état de panique générale au sein de la population palestinienne. Les jours suivants, 750 000 Palestiniens quittèrent le pays. Les Juifs deviennent alors majoritaires et armés. Les Palestiniens arabes sont réduits dans leur propre pays à l'état de réfugiés ou de citoyens de seconde zone.

Les États occidentaux, qui ferment les yeux, les mêmes qui avaient promulgué des lois ayant empêché les Juifs persécutés de se réfugier dans l'Ouest du continent, soutiennent à présent la fondation d'un État juif. Le partage de la Palestine, territoire sous mandat britannique, conduit le 15 mai 1948 à la proclamation de l'État israélien et à la première guerre israélo-arabe de 1948-49. La légende selon laquelle les Arabes ont délibérément quitté la Palestine avait survécu jusqu'à nos jours : des historiens israéliens ouvrent désormais des documents militaires secrets gardés sous scellés depuis des décennies. L'historien Benny Morris, de l'université hébraïque de Jérusalem, expose : « La nouvelle historiographie a enfoui ou détruit une série d'arguments centraux du mythe sioniste établissant que les Palestiniens ont volontairement laissé leur terre, ou y ont été contraints par leurs dirigeants arabes. Dans mes livres, j'oppose ce point de vue à une autre réalité démontrant que la plupart des Arabes ont été poussés à l'exode par la menace militaire et sous la pression des Juifs. Il est important de rappeler que 852 000 Arabes quittèrent le pays lors de la première guerre, et seulement 156 000 restèrent en territoire israélien[136]. » Notons, toutefois, qu'à la même époque, en raison du déplacement des frontières de la Pologne, des millions d'Allemands doivent fuir pour se réfugier à l'ouest.

Le droit des Juifs sur la Palestine est un droit international tout à fait infondé. L'État d'Israël a été reconnu par l'ONU, au détriment des Palesti-

---

136. Issam A. Sharif, *Die Instrumentalisierung der Juden im Machtspiel der Grosmächte, ein neues analytisches Bild der jüdischen Geschichte* (L'instrumentalisation des Juifs dans le jeu de pouvoir des grandes puissances, une nouvelle image analytique de l'histoire juive), Vienne, 1996.

niens et en dépit de toutes les protestations des populations arabes. L'ONU ne possède absolument aucun droit de faire don d'un pays et d'un territoire surtout quand celui-ci est déjà habité. Cette organisation supranationale a outrepassé ses compétences quand les nations membres, influencées par les États-Unis, ont voté la reconnaissance de l'État d'Israël.

Israël, construit sur le plan de partage de 1947, comprend 57 % du territoire palestinien. La part restante a été attribuée aux Palestiniens. Ce rapt légalisé opéré sur le peuple arabe engendra l'émergence de conflits entre Israël et les États arabes voisins. En 1956, la crise du Canal de Suez éclate entre l'Égypte et une alliance secrète : le protocole de Sèvres formé par Israël, la France et le Royaume-Uni. Il en résulte la nationalisation du Canal de Suez par l'Égypte. Après la guerre des Six jours, troisième conflit israélo-arabe, qui se déroule en 1967, Israël annexe Jérusalem-Est, ainsi que les plateaux du Golan, en envahissant la bande de Gaza et la Cisjordanie. Dans ces territoires dépendant de l'administration militaire israélienne, s'établissent presque cent mille colons juifs. Israël planifie de les incorporer en construisant toujours plus de lotissements et en dissuadant les Palestiniens d'y habiter.

Le sionisme joue la carte religieuse pour masquer ses visées hégémoniques et racistes[137]. Représentant politique et athée de l'aile gauche, Ben Gourion excelle dans ce rôle. Lors de la crise de 1959, il prophétise aux soldats israéliens que l'auréole du Sinaï brillera au-dessus de leur tête, comme sur celle de leurs ancêtres ayant suivi Moïse. La *Thora* légitimerait leurs agissements. Ce breuvage infâme de religion et de politique contem-

---

137. Dans le *New-York Times* du 6/6/1989 (page 5), le rabbin Yitzhak Ginsburg déclare : « *Nous devons reconnaître que le sang juif et le sang goy ne sont pas la même chose.* »
Dans le *New-York Daily News* du 28/2/1994 (page 6), le rabbin Yacov Perrin affirme : « *Un million d'Arabes ne valent pas un ongle juif.* »
Le *Jerusalem Post* du 18/10/2010 rapporte une partie du sermon d'Ovadia Yosef, ancien grand rabbin d'Israël, décisionnaire rabbinique de grande renommée pour les séfarades et *leader* spirituel du parti politique israélien *Shass* : « La vie des non-Juifs en Israël est protégée par la divinité, pour empêcher des pertes aux Juifs. » « Les *goyim* sont nés uniquement pour nous servir. Sans cela, ils n'ont aucune place dans le monde, seulement servir le peuple d'Israël. » « En Israël, la mort n'exerce aucune emprise sur eux. Avec les Gentils, c'est comme avec n'importe quelle autre personne. Ils doivent mourir mais Dieu leur donne la vie longue. Pourquoi ? Imagine si l'âne de quelqu'un mourrait, il perdrait son argent. » « C'est son serviteur… C'est pourquoi, il a une longue vie, pour bien travailler pour le Juif ». Ce rabbin est en charge des conversions dans l'armée israélienne. En effet, il a dressé la feuille de route pour convertir les soldats à plus d'orthodoxie religieuse : davantage d'études des textes sacrés et plus de rigueur religieuse. Le contenu réel de la feuille de route n'a pas été rendu public. (*Jerusalem Post* du 14/1/2011)

poraine et nationaliste allait engendrer une forme de racisme religieux[138]. L'écrivain Zeev Sternhell mentionne à ce propos qu'Ytshak Katzenelson, mort en 1944, rendu célèbre pour la composition du *Chant du peuple juif assassiné*, présenté comme une victime de l'Holocauste, « exécrait particulièrement le mot « cosmopolitisme ». Pour lui, il était coupable non seulement de répandre l'illusion d'une égalité possible entre les hommes au moyen de leurres ou de chimères, mais il dénaturait l'homme. (...) La nation était pour lui la référence absolue et tout autre lien, social ou de classe, devait lui être entièrement soumis[139]. »

Au cours de son premier demi-siècle d'existence, Israël a provoqué cinq guerres, bombardé les camps de réfugiés, tué plus de cent mille Palestiniens chrétiens et musulmans, et a humilié un milliard de musulmans.

Dans les colonnes du journal israélien *HaOlam HaZeh* du 15 mai 1974, le rabbin Abraham Avidan, lieutenant-colonel et membre de l'État-major israélien, corrobore : « Nos Écritures montrent de manière claire qu'un non-Juif, un *goy*, aussi civilisé et évolué soit-il, n'est pas digne de crédit. On doit se tenir sur ses gardes et reconnaître qu'un non-Juif demeure notre ennemi. C'est pourquoi il est tout à fait manifeste que ceux qui prêtent assistance à l'ennemi ou l'excitent à la révolte, se comportent comme un ennemi et doivent être tués. » Avidan avance pareillement : « En aucune circonstance, nous ne pouvons faire confiance à un Arabe, même quand il donne l'impression d'être un humain civilisé[140]. » Avidan expose aussi que, d'après la loi juive, « il n'existe pas la moindre obligation de différencier des soldats du camp adverse de civils ennemis. (...) En état de guerre, il est un devoir de tuer ces civils ennemis, ainsi que ceux paraissant d'un naturel bon et honorable ». Pour finir, Avidan cite le *Talmud*, où il est mentionné que même « le non-Juif qui craint le Seigneur doit être tué[141] ».

Dans le journal *Yediot Aharonot* du 20 décembre 1974, le rabbin Moshe Ben-Zion Ushpizaï questionne : « Comment devons-nous vaincre et annihiler les terroristes arabes et le fléau palestinien ? Les défaitistes et les pessimistes n'apportent aucune réponse. Il leur manque l'espoir. Pour quiconque a étudié la loi juive, il n'existe rien sur quoi la *Thora* n'apporte aucune réponse. (...) La

---

138. *Sozialismus von unten*, périodique sur la pratique et la théorie socialiste, n° 5, 2000/2001.
139. Zeev Sternhell, *Aux origines d'Israël*, Paris, Fayard, 1996, p. 245.
140. Israel Shahak, *Das Buch vom zionistischen Terror* (Le livre de la terreur sioniste), Israël, 1995, p. 70.
141. *Idem.*

loi d'Israël est très précise au sujet des peuples qui vivent dans le pays de Canaan. Ils doivent être le bétail d'Israël. (...) La *Thora* nous impose de conquérir le pays d'Israël, d'exterminer ses habitants et de le coloniser. Israël ne peut pas se soustraire à ce commandement, et il est strictement interdit de livrer le pays aux non-Juifs. Il n'y a sur cette terre aucune place pour d'autres peuples que celui d'Israël. »

Le rabbin Moshe Ben-Zion Ushpizaï clame : « Si nous voulons obéir aux commandements du Seigneur, il n'y a aucun espace pour les compromis, négociations ou traités de paix avec d'autres peuples résidant dans ce pays. » Le rabbin cite la *Torah*, et plus précisément le cinquième livre de Moïse, *Deutéronome* 7, 1-4 : « Lorsque YHWH, ton Dieu, t'aura fait entrer dans le pays dont tu vas prendre possession, et qu'il aura chassé devant toi beaucoup de nations, les Héthéens, les Gergéséens, les Amorrhéens, les Chananéens, les Phéréséens, les Hévéens et les Jébuséens, sept nations plus nombreuses et plus puissantes que toi, et que YHWH, ton Dieu, te les aura livrées et que tu les auras battues, tu les dévoueras par anathème, tu ne concluras pas d'alliance avec elles et tu ne leur feras point grâce. Tu ne contracteras point de mariage avec elles, tu ne donneras point tes filles à leurs fils, et tu ne prendras point leurs filles pour tes fils ; car elles détourneraient de marcher après moi tes fils, qui serviraient d'autres dieux ; la colère de YHWH s'enflammerait contre vous, et il te détruirait promptement. » Et dans *Deutéronome* 7, 16 : « Tu dévoreras tous les peuples que YHWH, ton Dieu, va te livrer, ton œil sera sans pitié pour eux, et tu ne serviras point leurs dieux, car ce serait un piège pour toi. » Pour appuyer les Écritures, le rabbin ajoute : « Nous devons nettoyer le pays des peuples qui le souillent. La *Thora* nous enseigne cela[142]. » Il affirme encore : « Les peuples qui empêchent la renaissance d'Israël dans ce pays doivent être exterminés[143]. »

En 1972, Yeshayahou Ben Porat, membre de la Knesset, proclame : « Il est exact qu'il n'y a aucun sionisme, aucune colonisation des Juifs et aucun État juif sans expulsion des Arabes ni confiscation de leur terre. »

Les Palestiniens sont sans cesse discriminés. L'écrivain israélien David Grossman déplore : « En Israël, dans les villages arabes, les eaux usées sont déversées dans la rue. (...) Le programme scolaire est rempli de préjugés particulièrement humiliants : l'identité des Arabes et leur histoire nationale y sont systématiquement remises en question. Le citoyen palestinien finance

---

142. *Ibid.*, p. 78.
143. *Ibid.*, p. 79.

par ses impôts un ministère de l'Immigration qui, dans les années 1990, a permis à Israël d'accueillir un million de Juifs de l'ancienne Union soviétique et d'Éthiopie, avec l'objectif explicite de parvenir à une majorité juive. Ces nouveaux immigrants ont pris les emplois des Arabes. Pour leur faire de la place, l'État a exproprié des habitants qui étaient installés sur cette terre depuis plusieurs générations[144]. »

L'expulsion des Palestiniens a créé une poudrière qui engendre toujours plus de tensions au Proche-Orient.

Le sionisme, dans sa théorie et dans sa pratique, est une expression anti-démocratique. Il est extrêmement raciste et utilise la violence pure. Au nom du concept de peuple élu, il oppresse une population implantée depuis l'origine du peuple sémite des Cananéens, au IIIe millénaire avant notre ère.

Dans les années 1980, des mouvements pour la paix ont vu le jour en Israël. Le 29 janvier 1992, sur la chaîne allemande ZDF, le célèbre intellectuel juif Yeshayahou Leibowitz confia lors d'un entretien : « L'État d'Israël est la seule dictature qui existe encore aujourd'hui dans un monde éclairé. L'ancien président de la Cour suprême, qui jouit de plus de considération que le Premier ministre et le chef d'État, peut autoriser le recours à la torture pour obtenir les aveux des prisonniers arabes. Dans tous les États du monde occidental, depuis le XVIIIe siècle, la torture a été déclarée illégale. C'est une mentalité de nazi. C'est une réalité. Chez nous s'est développée une mentalité de nazi. On sait sans aucun doute que la torture est utilisée dans les territoires occupés. Il y a des Juif-nazis en Israël. Certains ne le savent pas. Nous devons le leur dire, et à haute voix. »

Le fait qu'Israël ait adopté l'idéologie du surhomme, liée au national-socialisme, ressort clairement dans les œuvres de plusieurs auteurs sionistes. L'écrivain Ahad Ha'am relate : « Nous reconnaissons que le but de chaque existence est d'engendrer un surhomme. Cela est un signe distinctif prédominant et essentiel d'une nation supérieure. Une telle nation possède une raison d'être. Son caractère intellectuel la rend plus puissante que les autres nations[145]. »

Le 12 avril 1975, le célèbre politologue Boaz Evron reconnaît dans le journal israélien *Yediot Aharonot* : « De nombreux politiciens israéliens sont convaincus que la minorité arabe devra un jour quitter le pays. Ben Gourion espérait que des chicanes permanentes écœureraient les Arabes d'Israël et

---

144. *Independant on Sunday* du 8/10/2000.
145. Ahad Ha'am, *Sources de la pensée juive contemporaine*, Jérusalem, 1970, p. 49.

qu'ils feraient leurs valises. »

Meron Benvenisti[146], maire-adjoint de Jérusalem de 1971 à 1978, expose avec une franchise ahurissante : « Soit nous restons un État juif non démocratique, soit nous devenons un État démocratique, c'est-à-dire une nation non juive. Voulons-nous garder notre caractère juif au sein d'une population constituée pour moitié d'Arabes[147] ? »

Shulamit Aloni[148], membre de la Knesset, avoue dans *Yediot Aharonot* du 2 février 1975 : « Chaque Juif qui prononce une bonne parole sur Jésus risque de se voir refuser son voyage en Israël, car le ministre de l'Intérieur israélien peut interdire l'accès à notre pays, sans passer devant un tribunal, à toute personne qui heurterait les sentiments de la communauté. »

Rabbi Tzwi Hacohen Kook est un des rabbins les plus influents d'Israël et dans le monde. Ses prises de position sont particulièrement écoutées dans les cercles officiers de Tsahal. Le 31 décembre 1973, *Ha'aretz* publia ses déclarations publiques : « Laissez-moi citer au commencement *Josué 4, 24 : ...afin que tous les peuples de la terre apprennent que la main du Seigneur est puissante...* Ce pays nous appartient dans sa totalité. Il est le saint héritage de nos ancêtres, de notre père Abraham, de notre père Isaac, de notre père Moïse (*Ier Livre de Moïse : Gn 12, 7 ; 13, 5 ; 13, 7 ; 15, 18 ; 17, 18 ; 35, 12 et IIe Livre de Moïse : Ex 6, 8 et 32, 13*). Il est par conséquent évident qu'il n'existe pas un semblant de territoire arabe ou de pays arabe, mais uniquement un État d'Israël. Il s'agit d'un commandement de Dieu à nos ancêtres pour notre vie et notre sainteté. (*Ps 102, 14 et 46, 12*) Il est connu de tous que nous n'avons pas expulsé les Arabes de notre patrie héréditaire, nation de nos prophéties, de nos prophètes, de notre royaume et de nos rois, siège de notre saint Temple et foyer de notre influence sur l'humanité entière. Les Arabes sont partis de leur propre gré ; ils ont quitté leur domicile par une crainte exagérée ou un désarroi qui n'engage que leur propre responsabilité, ou bien encore par calcul politique, pour répandre des fausses rumeurs sur leurs souffrances, en créant de soi-disant camps de réfugiés pour s'attirer la sympathie du

---

146. Acteur critique de la politique israélienne envers les Palestiniens, Benvenisti est, depuis 2003, un fervent avocat de l'idée largement contestée en Israël d'un État binational. Il fut très critique à l'égard du plan de désengagement unilatéral conduit par l'ancien Premier ministre Ariel Sharon en 2005 car, selon lui, il aboutirait à un « modèle de Bantoustan ».

147. Ha'am, *op. cit.*, p. 58.

148. D'ascendance juive polonaise, Shulamit Aloni, née en 1928 à Tel-Aviv, est une militante de gauche qui a fondé le parti Ratz. Elle fut ministre de l'Éducation de 1992 à 1993.

monde. Nous avons rebâti le pays grâce au miracle grandiose du Seigneur. »

La rhétorique sioniste consiste à assimiler l'antisionisme à l'antisémitisme et au national-socialisme. Aucune compassion n'est accordée à l'extermination des Palestiniens, peuple ne connaissant que les horreurs de la guerre. Alors que les sionistes jouent le rôle de seigneurs sanguinaires, les Palestiniens, eux, constituent un groupe ethnique privé de tous droits. À la lumière des faits, concernant les Juifs peuplant aujourd'hui la République d'Israël, il est manifeste qu'il ne s'agit d'aucun accomplissement biblique. En réalité, le sionisme détourne les Saintes Écritures.

Des personnalités, à l'instar des Rothschild, sont les représentants fondamentaux du sionisme. Le parlement fut construit grâce à leurs capitaux. À Jérusalem, un boulevard porte le nom de Rothschild. L'expression « Roi des Juifs » désigne également cette dynastie de banquiers. Le baron possède plus de pouvoir que David et plus de sagesse que Salomon. Il est le vrai roi de Juda !

f) Au service du sionisme politique

Nous avons abordé le fait que la majeure partie des Juifs n'avaient aucunement l'intention d'émigrer en Palestine. Jusqu'à la fondation de l'État d'Israël, les États-Unis représentaient le pays d'immigration privilégié des Juifs. Les pouvoirs financiers qui soutenaient le sionisme élaborèrent une stratégie pour encourager la diaspora juive[149].

Dans son ouvrage *Spanischer Sommer*, l'historien Severin Reinhard assure que Warburg & Co. faisait partie des instigateurs ayant encouragé le retour des Juifs en Palestine[150].

En 1929, le deuxième président de la Société de la Tour de Garde, Joseph Rutherford, rapporte : « L'organisation sioniste doit compter des hommes dynamiques et de l'argent avant de pouvoir être performante. » Il ajoute que les sionistes ont le devoir de rassembler d'autres personnes, afin de faire connaître le mouvement de la reconstruction de la Palestine et de garantir à cette ambition politique suffisamment de considération aux yeux du peuple juif[151].

---

149. Manfred Gebhard, *Die Zeugen Jehovas. Eine Dokumentation über die Wachtturmgesellschaft* (Les Témoins de Jéhovah. Documentation sur la Société de la Tour de Garde), Leipzig, 1971, p. 76.
150. Severin Reinhard, *Spanischer Sommer* (Été espagnol), Affaltern (CH), 1948, p. 174.
151. Joseph Franklin Rutherford, *Leben* (Vie), La Société de la Tour de Garde, 1929, p. 178.

À la lumière de cette déclaration, nous devons nous demander si la Société de la Tour de Garde était partie prenante de la campagne psychologique qui a préparé une élite politique au sionisme. Est-ce que ses responsables ont reçu pour mission d'encourager les programmes sionistes ?

L'histoire des Témoins de Jéhovah montre qu'aucune des prophéties prononcée par ses dirigeants ne s'est révélée exacte. En revanche, les prédictions du fondateur de la Société de la Tour de Garde, Charles Taze Russell, concernant le retour des Juifs dans leur ancienne patrie et la fondation de l'État juif en 1948, se réalisèrent avec force et précision. Russell est, aux États-Unis, le premier et le plus grand précurseur du sionisme.

Dans un livre pertinent *Pastor Charles Taze Russell : An Early American Christian Zionist*[152], l'écrivain juif David Horowitz constate que le pasteur attire l'attention sur le thème principal de la Bible : le retour des fils d'Israël en Palestine. Selon lui, Russell annonce discrètement l'idée sioniste bien avant sa conception. Les citations suivantes se réfèrent à ce livre.

Benyamin Netanyahou, Premier ministre israélien, alors ambassadeur d'Israël aux Nations Unies (1984-1988), déclare : « La reconnaissance du rôle important du pasteur Russell comme combattant du sionisme ne peut être écartée[153]. » Jeane Kirkpatrick, ambassadrice des États-Unis aux Nations Unies de 1981 à 1985, juive et membre du groupe mondialiste et supramaçonnique du Council on Foreign Relations[154] énonce : « C'est un rapport fascinant à propos d'un homme oublié [Russell] et un chapitre négligé de l'histoire du sionisme. » Le Dr Harris Schoenberg, représentant de l'organisation maçonnique juive du B'naï B'rith aux Nations Unies, atteste : « Les réflexions de Charles Taze Russell sur le judaïsme et le sionisme ont jeté une nouvelle lumière sur le rôle du mouvement sioniste aux États-Unis. »

Russell est un grand défenseur du sionisme et un ami des Juifs. Déjà, en 1880, il prêchait que les Juifs retourneraient en Israël. Entre autres publica-

---

152. David Horowitz, *Pastor Charles Taze Russell : An Early American Christian Zionist* (Pasteur Ch. Russell : un américain chrétien sioniste précoce), New York, 1990.
153. Robin de Ruiter, *op. cit.*, p. 80.
154. Springmeier, *op. cit.* Fondé en 1921 par David Rockefeller, président de la Chase Manhattan Bank, le CFR (ou Conseil sur les relations étrangères) est composé d'environ cinq mille membres, issus du milieu des affaires, de l'économie et de la politique. Il est considéré comme l'un des *think tank* (réservoir d'idées) les plus influents en matière de politique étrangère des États-Unis. Quand les affiliés sont absents aux conférences annuelles du Bilderberg [cercle extérieur des Illuminati], qui se déroulent à huis clos, les consignes transitent par le CFR.

tions, il écrit un article de trente-deux pages intitulé *Die Botschaft Gottes zum Trost der Juden* (Le message de Dieu pour la consolation des Juifs).

La totalité du huitième chapitre *Dein Königreich komme* (Ton Royaume vient) du troisième livre de la série *Millennium-Tagesbuch* (Journal du Millénium) est consacrée au sionisme.

Pour rendre attrayant le projet d'émigration vers la Palestine, il publie un journal hébreu portant ce titre en yiddish : *Di Shtimme* (La voix) qui, avec l'aide des sionistes, est répandu dans le monde entier. Des millions d'exemplaires sont distribués gratuitement.

D'autres publications de la Société de la Tour de Garde rapportent des informations relatives au sionisme. Les nombreux articles de Russell concernant le sionisme et abordant d'importants thèmes sous le titre *Das auserwählte Volk Gottes* (Le peuple élu de Dieu) sont publiés dans *Overland Monthly*, un mensuel californien ayant un tirage de 75 000 exemplaires.

Selon les écrits de Russell, les Juifs sont les seigneurs du monde et toutes les nations devront se convertir au judaïsme. Dieu exaltera les populations à travers le peuple juif. Russell exhorte les Juifs à se tourner vers leurs rabbins pour se protéger de l'enseignement chrétien, et il demande aux chrétiens de ne plus prêcher contre les Juifs, car ce n'est pas la volonté de Dieu. Les Juifs sont, en ce qui concerne la morale et l'intelligence, supérieurs aux chrétiens[155].

Russell entretient-t-il des relations avec les sionistes ? Reçoit-il le soutien de financiers ? Un document rend compte d'une conférence qui se déroule en 1891 à Chicago, où la Société de la Tour de Garde compte un grand nombre de partisans. Après cette conférence, le pasteur Russell entreprend, dans l'intérêt des plans sionistes, un voyage de propagande en Europe et en Palestine. D'après la Société de la Tour de Garde, le déplacement de Russell a pour but de s'assurer de la propagation des thèses sionistes[156]. Si le pasteur visite précisément les pays qui, lors de la conférence de Chicago, ont été désignés comme importants pour les sionistes, l'objectif réel n'est pas défloré. En août 1891, pendant son séjour en Palestine, Russell envoie au baron Rothschild un rapport détaillé de la situation en Terre promise[157]. Cet élément laisse suggérer que le déplacement se déroule « par ordre » des élites occultes.

---

155. D'après l'écrit publié par l'Ordre du B'naï B'rith intitulé *The Challenge of Ethnic Leadership* (Le défi de la représentation ethnique), p. 201.

156. *Zeugen Jehovas, Verkündiger des Königreiches Gottes* (Témoins de Jéhovah, les annonciateurs du Royaume de Dieu), La Société de la Tour de Garde, 1993, p. 406.

157. *The Watchtower* (version anglaise de *La Tour de Garde*) du 1/12/1891, p. 170.

Russell rencontre les représentants sionistes. Une des étapes les plus importantes est son entretien avec Asher Ginzberg à Odessa. Cet éminent sioniste, surnommé le « Roi des Juifs » a fondé, cinq ans auparavant, dans la ville portuaire ukrainienne une société secrète, le B'naï Moshe (Fils de Moïse). Ginzberg obtint, avec l'aide des Rothschild, la déclaration de *Lord* Balfour sur la création d'un foyer pour les Juifs en Palestine.

La Tour de Garde (version allemande) de septembre 1891 reproduit, dans les pages 125 et 126, une lettre de Russell écrite à Odessa, faisant état d'une rencontre très importante avec Joseph Rabinovitch, dans la ville alors russe de Kichinev.

Le groupe de Russell loge dans sa luxueuse villa. Selon Russell, Rabinovitch et les membres de sa famille sont de fidèles chrétiens redoutant de prêcher l'arrivée et le sacrifice du Christ aux cinquante mille Juifs de Kichinev. *La Tour de Garde* (version allemande) du 15 juillet 1991 confirme que Russell a connu Rabinovitch pendant son voyage en Europe. Le pasteur explique que ce dernier croit en Jésus-Christ dont il a essayé de prêcher le message aux Juifs de Russie ! Au vu des messages de Russell et de ceux des sionistes au peuple juif, il est manifeste que tout ce scénario parait fantasmagorique et semble davantage monté pour convertir les adeptes de la secte et l'ensemble des chrétiens aux idées sionistes. À moins que Rabinovitch ait très hypocritement tenté de prendre l'apparence d'un bon chrétien pour détourner les bonnes âmes de l'Église orthodoxe.

Qui est donc Rabinovitch, cet « amoureux » du Christ ? Après l'assassinat du tsar Alexandre II, Joseph Rabinovitch s'est lancé en 1882 dans l'entreprise sioniste dont il fait la propagande dans son pays. Ce précurseur est un cadre commercial et un avocat, dont le mouvement s'est développé à Kichinev.

Russell, qui visite les centres les plus importants à Odessa et Kichinev, rencontre également plusieurs dirigeants juifs et sionistes en Palestine. Pour mener ce voyage à bien, il compte sur des relations internationales. Son organisation sectaire n'est pas assez puissante. Malgré son développement au Canada et en Angleterre, elle a peu d'importance aux États-Unis. Il est donc impossible que Russell dispose, à titre personnel, d'autant de contacts quand il entreprend son premier séjour en Europe et en Palestine.

Yona Malachy, l'un des Premiers ministres des Affaires religieuses d'Israël, qui fréquentait les églises adventistes américaines du Septième jour, décrit avec moult détails le rôle historique du pasteur Russell comme défenseur du sionisme. Il atteste que Russell rencontre en Palestine le Dr Levy de l'association Executive Zionist, ainsi que d'autres responsables du monde politique juif[158]. Russell est un ami de Stephen Wise, célèbre rabbin, Franc-maçon et chef du B'naï B'rith. La publication *American Jewish Press* affirme que Russell entretient d'excellentes relations avec des représentants juifs[159]. De nombreuses éminences juives et des représentants sionistes se rendaient dans les bureaux de la secte, à Brooklyn.

En 1910, le pasteur Russell retourne en Palestine, en effectuant un détour par la Russie du tsar Nicolas II, où il prêche devant des milliers de Juifs orthodoxes sur la politique de leur retour en terre de Palestine.

Le 9 octobre 1910, plus de quatre mille Juifs affluent dans la célèbre salle de l'Hippodrome de New York, construite en 1905, avec une capacité de 5 200 places assises, pour écouter Charles Taze Russell lors d'une conférence de deux heures.

---

158. *Jüdisches Jahrbuch von Herzl* (*Annales* juives de Herzl), t. V, Londres, 1963.
159. Horowitz, *op. cit.*, p. 43.

La Tour de Garde (version allemande) du 15 octobre 1910 rapporte que d'éminents citoyens juifs veillent à ce que cette rencontre ait une énorme affluence, la plus importante que New York n'ait jamais connue. L'ensemble de la presse juive est présente. Frank Goldstein, Franc-maçon, membre et futur président de l'Ordre du B'naï B'rith, accompagne Russell dans sa voiture de luxe. Le public acclame le pasteur, présenté comme écrivain et intellectuel de renommée mondiale en matière de judaïsme et de sionisme. Sur scène, il fait reprendre l'hymne *Zion's glad day* (Jour heureux de Sion) par un double quatuor du Tabernacle de Brooklyn. Il fait aussi référence aux prophéties bibliques sur le sionisme et explique qu'ils sont les dignes descendants du peuple juif, affirmant que Dieu veille à ce que tous les Juifs retournent en Palestine.

g) Russell : Dieu aurait choisi Herzl

La prestation de Russell impressionne : Dieu Lui-même aurait choisi Theodor Herzl pour mettre le sionisme en œuvre. Le public est à ses pieds. Il prédit que les Juifs réussiront à former la plus grande nation, que le sionisme moderne a été créé par Dieu et que la Palestine est assez grande pour accueillir tout les Juifs du monde[160]. Ensuite, il prétend que les vrais fils d'Israël doivent fonder une patrie pour les Juifs persécutés de Russie et d'Europe de l'Est. Ceux qui n'envisagent pas d'émigrer vers la Palestine sont obligés, selon le président de la Société de la Tour de Garde, de soutenir ce courant. Chacun d'entre eux est appelé à contribuer financièrement à cet effort, afin que les plans de peuplement de la Palestine par les Juifs deviennent une réalité. Russell déchaîne un tonnerre d'applaudissements en entonnant un chant pris parmi les cantiques sionistes : *Hatikva* (en hébreu : L'espérance).

Le public est subjugué. C'est une réelle surprise d'entendre, une voix présentée comme « chrétienne », chanter l'hymne juif qui deviendra celui

---

160. Les frontières actuelles de l'État d'Israël constituent une première étape de colonisation. Les sionistes, parmi lesquels figure Russell, se gardent bien de révéler qu'il existe plusieurs versions des frontières bibliques de la Terre d'Israël. À ce propos, Israël Shahak révèle : « La plus grandiose [Terre d'Israël] inclut à l'intérieur de ses frontières les pays suivants : au sud, tout le Sinaï et une partie de la basse Égypte jusqu'aux environs du Caire ; à l'est, toute la Jordanie, un gros morceau de l'Arabie Saoudite, le Koweït et, en Irak, le sud-ouest de l'Euphrate ; au nord, toute la Syrie (Liban compris) et une vaste portion de la Turquie jusqu'au lac de Van ; à l'ouest, Chypre. Les sionistes veulent la conquête de ces territoires par Israël » (*Cf. Israël Shahak, *Histoire juive, religion juive : le poids de trois millénaires*, La Vieille Taupe, 1996, p. 33).

d'Israël. L'assistance applaudit avant même le deuxième couplet[161].

Russell promeut le Fonds national juif mis en place par les Rothschild en 1901, dédié à l'achat de terres en Palestine et renforçant la Caritas, fédération initiée par Félix Warburg. Ces institutions demandent à toute la diaspora juive de verser le dixième de leurs revenus pour financer la cause sioniste.

La presse rapporte que le discours pro-sioniste de Russell a été accueilli avec la plus grande ferveur par l'assistance juive de l'Hippodrome.

En Amérique et en Europe, les journaux hébreux se font l'écho de la prestation de Russell. Ce rassemblement gigantesque a également été organisé par le   Jewish Mass Meeting Committee de New York, auquel a participé le directeur de l'Association des Juifs de Roumanie, Leo Wolfsohn.

L'expérience de l'Hippodrome est reconduite. Russell prend la parole dans d'autres congrès rassemblant plusieurs milliers de Juifs dans toutes les grandes villes du monde. À cette époque-là, le message sioniste de Russell est pour le moins surprenant. Les faits prouvent que Russell est très bien informé sur les objectifs du mouvement. Il compte de nombreux contacts, non seulement parmi les représentants sionistes, mais aussi parmi les hommes influents de la haute finance et du pouvoir occulte en lien avec la Franc-maçonnerie.

Début 1897, il fournit des indications précises sur un congrès sioniste programmé pour le 25 août à Munich. Il sait que de célèbres Juifs sionistes y prendront part, à l'instar de Herzl, Jakob Haas, Max Nordau ou encore le Franc-maçon *Sir* Moses Haïm Montefiore[162]. Russell explique que Dieu a choisi, parmi les Juifs, la personne du baron Rothschild et celle de *Sir* Montefiore[163].

---

161. Horowitz, *op. cit.*, p. 69.

162. Installé en Grande-Bretagne et devenu un richissime banquier grâce à ses spéculations à la bourse de Londres, *Sir* Montefiore, rabbin, est le premier Juif à être nommé baronnet par la reine Victoria. Chef de la communauté israélite anglaise, il est affilié à la loge Mount Maria de Londres. Il déclare : « Tant que les journaux du monde ne seront pas entre nos mains, toutes ces choses [capital, justice, etc.] ne serviront à rien. Afin de pouvoir dominer longtemps les mécréants, tu ne supporteras au-dessus de toi aucune presse étrangère. Emparons-nous de la presse et, dans peu de temps, nous gouvernerons et dirigerons les destinées de l'Europe entière. » La famille de Montefiore fut au service de la République de Gênes dès le XIIIᵉ siècle et étendit ensuite ses opérations à l'Italie et à l'Espagne (*Cf.* Epiphanius, *op. cit.*, p. 159 *in* saint Maximilien Kolbe, *Gli scritti* (Les écrits), Florence, Éd. Città di Vita, 1975, pp. 585-586).

163. *United Israel Bulletin,* du novembre 1971.

Russell nourrit la plus haute considération pour le Jewish Colonization Committee de *Sir* Montefiore et du baron Hirsch. Fondée dans les années 1890, à l'instigation du banquier Jacob Schiff, cette association doit fournir aux Juifs toute l'aide possible et assurer leur protection grâce à une action internationale sur les gouvernements et l'opinion publique[164]. Après sa deuxième visite en Palestine, Russell informe ces institutions de ses observations.

La Tour de Garde (version allemande) de février 1917 rapporte : « En 1911, Russell appartient à un comité de sept personnes qui a entrepris un voyage autour du monde. À cette occasion, il rend visite une nouvelle fois aux Juifs de Palestine. Il expose que les prophéties annoncent le retour prochain des Juifs en Palestine. »

Les prêches sionistes ne sont pas toujours couronnés de succès. À Vienne, en mars 1911, la méfiance de la population juive à l'égard de Russell est particulièrement grande. Quand le pasteur apparaît sur scène, un tiers de l'auditoire, qui refusait les plans du sionisme, l'empêche de parler[165].

Pour mieux appréhender le lien entre sionisme et Témoins de Jéhovah, il demeure primordial de poser la question de l'orientation du fondateur de la secte et de ses successeurs. Est-ce que Rutherford poursuit les initiatives sionistes de son prédécesseur ? Bien qu'il ait tenté d'effacer l'héritage de Russell et malgré ses déclarations antijuives, il encourage l'entreprise sioniste jusque dans les années 1930.

Au début des années 1920, lors d'une convention de la Société de la Tour de Garde à Winnipeg, au Canada, concernant le retour des Juifs en Palestine, Rutherford vitupère : « Je parle de Juifs palestiniens et non de cet individu agaçant au nez aquilin qui essaie de te tirer les Groschen de la poche[166]. »

Après la mort de Russell, la Société de la Tour de Garde intensifie sa campagne en faveur du sionisme. Dans la brochure de Rutherford *Des millions actuellement vivant ne mourront jamais*, publiée en 1920, le retour des Juifs en Palestine est suggéré comme un accomplissement des Écritures. Par ailleurs,

---

164. Yann Moncomble, *La Trilatérale et les secrets du mondialisme*, Paris, Faits & Documents, 1980, p. 57.

165. Franz Stuhlhofer, *Charles Taze Russell und die Zeugen Jehovas – Der unbelehrbare Prophet* (Russell et les Témoins de Jéhovah – l'incorrigible prophète), 2e édition, Berneck, 1992, p. 239.

166. James Penton, *The Christian Quest* (La quête chrétienne), t. III : *Anti-Semitism and the Third Reich* (L'antisémitisme et le IIIe Reich), Addison, 1990, p. 35. L'auteur cite son père qui était présent à Winnipeg au discours de Rutherford.

son auteur annonce la fin du monde pour 1925.

Grâce à l'aide des sionistes, Rutherford utilise la radio pour soutenir les objectifs de Sion. Il tient des rassemblements dans les plus grandes salles du monde dans le but d'inciter au retour des Juifs en Palestine.

L'engagement de la Société de la Tour de Garde, en 1925, en faveur du sionisme, répond aux soucis d'une population juive victime de persécutions, en particulier en Pologne, sans être en rupture avec la quatrième vague d'immigration vers la Palestine.

En octobre 1925, Rutherford résume ses interventions sur le sionisme dans le livre *Comfort for the Jews* (Consolation pour les Juifs). En avant-propos, l'éditeur écrit : « Le juge Rutherford qui, dans le monde entier, est connu comme l'ami du peuple juif, soutient avec vigueur le droit des Juifs à retourner sur la Terre sainte. Il est contre la conversion des Juifs, car elle violerait les Saintes Écritures. Ses interventions effectuées devant de grandes assemblées sur le thème du retour des Juifs vers la Palestine, sont diffusées sur les radios du monde entier. »

Au fil des pages, Rutherford entreprend une réelle campagne psychologique : « C'était le grand Dieu Jéhovah qui, par les hommes qui croyaient en lui, parlait et annonçait les événements que nous voyons s'accomplir aujourd'hui en Palestine. » (page 13)

« Déjà, maintenant, se sont installées quatre-vingt-neuf colonies en Palestine. Les Juifs plantent des vignobles et jouissent de leurs fruits. C'est le début de l'accomplissement de la prophétie : *Ils bâtiront des maisons et ils les habiteront ; ils planteront des vignes et ils en mangeront le fruit, ils ne bâtiront pas pour qu'un autre habite.* » (*Is* 65, 21-22) (page 83)

« Selon les applications fondées dans la Sainte Écriture, il doit être évident qu'il en va de la volonté de Dieu qu'ils [les Juifs] obtiennent la possession de la Palestine. Dans l'accomplissement de la prophétie, les Juifs se réunissent de nouveau en Palestine. » (page 155)

De ces extraits, tirés de la littérature de la Société de la Tour de Garde, il découle que les Témoins de Jéhovah considèrent le sionisme comme l'accomplissement des prédictions divines, et que Dieu conduirait personnellement ce retour vers la Palestine. Or, la réalité est tout à fait différente. Comme nous l'avons déjà mentionné, ce sont les grands banquiers, à l'instar des Rothschild, Rockefeller, Hirsch et Warburg, qui subventionnent la reconstruction de la Palestine et tirent les ficelles du mouvement sioniste.

Les nombreux articles produits dans les années 1920 par Rutherford dans *La Tour de Garde*, ainsi que ses livres, montrent une exaltation pour la cause sioniste et laissent supposer le lien entre la direction de la secte et les grands banquiers.

Non seulement Rutherford dispose d'excellentes relations à l'intérieur du mouvement sioniste, mais il joue un rôle essentiel dans la propagande des sionistes. Il est convié à rejoindre trois cent cinquante éminents passagers qui ont l'honneur de participer à l'ouverture de la ligne du navire à vapeur President Arthur entre New York et la Palestine. Pour des raisons inconnues, Alexander Hugh Macmillan, autre responsable de la secte, participe au voyage à la place de Rutherford.

Le livre d'histoire de la Société de la Tour de Garde intitulé *Jehovas Zeugen – Verkündiger des Königreiches Gottes* révèle : « A. H. Macmillan fut envoyé en Palestine en 1925, car l'on s'intéressait beaucoup à la place des Juifs dans les prophéties bibliques[167]. »

Cette description ne restitue qu'une vérité partielle ! A. H. Macmillan ne participe pas seulement à l'ouverture de la ligne maritime pour la Palestine, il est également invité à assister, le 1er avril 1925, à l'inauguration de la première université en Palestine et à visiter Rishon Le Zion (en hébreu : Premier vers Sion), propriété côtière des Rothschild[168]. Parmi les hôtes se trouvent d'éminentes personnalités qui se distinguent par leur rôle dans le sionisme, à l'instar de *Lord* Balfour, du vicomte Herbert Samuel, politicien anglais et premier consul en Palestine, du baron Hirsch et de Chaïm Weizmann.

Il est difficile de définir d'où émanent le pouvoir et les capitaux de la Société de la Tour de Garde. Il serait en tout cas irréaliste de prétendre que Russell a réussi à prospérer par la vente de ses livres, dans une organisation qui est loin d'avoir son importance actuelle.

De plus, pendant toutes ces années, Russell fait distribuer gratuitement des millions de livres, de périodiques et de tracts. Dans le quartier principal de Brooklyn, la secte emploie soixante-seize ouvriers. Elle subventionne plus de deux mille titres de journaux pour diffuser les prédictions de Russell,

---

167. *Jehovas Zeugen, Verkündiger des Königreiches Gottes* (Témoins de Jéhovah, les annonciateurs du Royaume de Dieu), La Société de la Tour de Garde, 1993, p. 142.
168. Joseph Franklin Rutherford, *Trost für die Juden* (version allemande de *Confort for the Jews*), La Société de la Tour de Garde, 1925, p. 70. Parmi les premiers directeurs de la célèbre université hébraïque de Jérusalem figurent Chaïm Weizmann, Félix Warburg et James Rothschild.

couvre les dettes de ses succursales dans le monde et loue des salles gigantesques pour les discours de son président[169]. Beaucoup de théologiens, d'écrivains et de pourfendeurs de la Franc-maçonnerie comme Edith Starr Miller pensent que le B'naï B'rith aurait joué un rôle important dans l'histoire et le prosélytisme de la Société de la Tour de Garde.

Sous la direction de Rutherford, au début des années 1930, la secte opère un changement de position radical à l'égard des Juifs. À partir de 1932, la Société de la Tour de Garde prétend que les promesses sionistes de la Bible ne s'adressaient pas aux Juifs, et que le sionisme est l'œuvre du démon. Les Juifs seraient revenus en Palestine pour des mobiles égoïstes et sentimentaux, sans l'aide de Dieu[170].

Jusqu'en 1939, les publications de la Société de la Tour de Garde diffusent des déclarations antisémites. Non seulement, les allégations de Rutherford dans la littérature de la secte sont complices de la propagation de l'antijudaïsme, mais elles soutiennent de manière concrète la politique antisémite d'Adolf Hitler. Les publications de *La Tour de Garde* de ces années contiennent souvent des articles antisémites, où Rutherford se sert à l'égard des Juifs de termes tels que « niais » et « gogo ».

Peu avant la Nuit de Cristal, la Société de la Tour de Garde publie dans la revue *Trost* du 15 juillet 1938, un article diffusé dans toute l'Allemagne, dans lequel Rutherford soutient qu'il existe une alliance entre le peuple juif et l'organisation du diable. L'article se termine par ces mots[171] : « Les Juifs en sont une image vivante. Comme il est terrible de ne pas posséder la bénédiction de Jéhovah. Coupé de la bienveillance de Dieu, ils sont même ici [Allemagne] sans repos. Qui sème le vent, récolte la tempête ! »

Non seulement, dans ses publications, la Société de la Tour de Garde se servait – à l'instar de la propagande national-socialiste – d'un mode d'expression anti-juif, mais les adeptes de la secte eux-mêmes se transformèrent soudainement en antisémites[172].

Rudolf Höss, le commandant du camp de concentration d'Auschwitz, expose : « Curieusement, tous les Témoins de Jéhovah étaient convaincus que

---

169. En la seule année 1910, la salle Prince Albert à Londres est louée à six reprises !
170. Joseph Franklin Rutherford, *Rechtfertigung* (Justification), La Société de la Tour de Garde, 1932, p. 258.
171. Gebhard, *op. cit.*, p. 169.
172. Robin de Ruiter, *¡Precaución! : Testigos de Jehová* (Attention ! Témoins de Jéhovah), Chihuahua, 1992.

les Juifs auraient à présent à souffrir et à mourir parce que leurs ancêtres avaient trahi Jéhovah[173]. »

Il est nécessaire d'ajouter que la Société de la Tour de Garde, durant cette période, n'a jamais protesté officiellement contre la persécution des Juifs.

Rutherford accomplit-il ce revirement de manière délibérée ? Jusqu'à aujourd'hui, nous n'avons trouvé aucune réponse satisfaisante sur le brutal changement de position de Rutherford. Veut-il ainsi dissiper, à cause de la situation politique en Allemagne, tous les points communs avec les Juifs, afin que l'activité de la secte ne soit pas interrompue dans ce pays ? Cette raison demeure peu probable car, suite à ce changement de cap, Rutherford sait que de sérieux affrontements internes auraient pu ébranler l'organisation. Dans le cadre de l'accord Haavara entre le gouvernement allemand et le mouvement sioniste, est-ce-que la secte entend, par cet antijudaïsme, inciter les Juifs allemands à s'installer en Palestine et contribuer par la terreur à promouvoir les mouvements sionistes ? Cette dernière hypothèse semble la plus crédible.

Car, compte tenu des millions d'exemplaires de revues et de livres publiés par la secte qui offensèrent le peuple hébreu et furent diffusés sur tout le territoire du Reich, pouvons-nous exclure que les attaques de la Société de la Tour de Garde contre les Juifs aient eu une influence spirituelle ? Selon J. G. Burg, le sionisme s'est transformé sur le plan spirituel à cause de l'antisémitisme. Il ne peut pas exister sans lui : « Plus les Juifs connurent l'injustice dans le monde, plus ils furent persécutés, plus le sionisme avaient des chances de réussite[174]. »

---

173. Rudolf Höss, *Kommandant in Auschwitz. Autobiographische Aufzeichnungen* (Commandant à Auschwitz. Notes personnelles), Stuttgart, 1958, p. 117.
174. J. G. Burg, *idem*.

Chapitre 4

Le pouvoir occulte

La guerre de Sécession éclate en 1861. Les quatre années suivantes, cette guerre onéreuse, menée avec grand acharnement dans le Sud-est des États-Unis, provoquent d'énormes ravages. Plus de six cent vingt mille Américains y trouvent la mort.

Après cette guerre, l'industrialisation du pays s'accélère. Curieusement, le pouvoir économique des États-Unis ne pâtit pas du conflit. De manière déterminante, l'industrie lourde connaît une extraordinaire progression. Aucun pays européen n'enregistre pareil essor.

Pour la première fois, à partir de 1865, se créent des concentrations de capitaux autour de Trusts, formant des situations de monopole dans les secteurs de l'industrie et de la finance. Les deux tiers des lignes ferroviaires tombent sous le contrôle de groupes apparemment différents, mais dépendants du banquier franc-maçon John Pierpont Morgan. Rockefeller, quant à lui, devient le seigneur de l'« or noir ».

Deux empires de la finance dominent la vie économique américaine : le premier, qui est formé par la First National Bank de Morgan, réunit sous son égide Rubber Trust, General Electrics, US Steel et les chemins de fer Vanderbilt. Le second, composé de Standard Oil, Tobacco, Ice Trust et des chemins de fer Gould, dépend de la National City Bank de Rockefeller.

À mesure que le capitalisme se développe, une brutale confrontation opposant la bourgeoisie et le monde ouvrier, contraint les masses laborieuses à un niveau de vie proche de celui de l'esclavage. Les familles vivent dans des « écuries » attenantes aux usines. Les salaires sont extrêmement bas et le temps de travail hebdomadaire s'échelonne de 65 à 67 heures. L'immigration incontrôlée constitue un des problèmes majeurs des ouvriers. Les industriels licencient leurs employés pour des motifs dérisoires : ils disposent d'un nombre constant de nouveaux arrivants prêts à accepter toutes les exigences de patrons peu scrupuleux.

La population ouvrière des États-Unis se présente comme une des plus importantes du monde. La pauvreté, l'analphabétisme et le manque de concept politique sont des causes qui les obligent à exécuter les travaux les plus durs contre des rémunérations dérisoires. Le gouvernement est à la solde des Morgan et des Rockefeller. Les tentatives de grève sont réprimées par la police et l'armée, qui usent de la plus grande brutalité.

a) Les marionnettes du capitalisme

En 1877, l'agitation devient chronique. Plusieurs grèves éclatent, dont la plus impressionnante est celle des cheminots de Baltimore et de Pittsburgh.

À la suite d'une annonce de baisse des salaires de 10 % aux chemins de fer de Baltimore, les cheminots mènent une grève durement réprimée par l'armée. Le bilan de cette intervention est de dix morts.

À Pittsburgh, une centaine de grévistes mettent le feu aux locomotives. La répression fait vingt-cinq morts, dont dix enfants. Le grand capital sort victorieux de ces mouvements protestataires.

En 1886, plus de 1 600 grèves sont déclenchées, et de nombreux ouvriers perdent la vie dans les affrontements.

Ils sont aussi confrontés à une campagne de dénigrement orchestrée par des journalistes à la solde du patronat. Malgré tant d'injustice, Charles Taze Russell prend le parti des Trusts. Lors des prêches, la Société de la Tour de Garde remplit le même rôle que les journalistes corrompus. Dans son quatrième livre, intitulé *The Day of Vengeance* (Le jour de la vengeance), publié en 1897, et plus tard nommé *The Battle of Armageddon* (La bataille d'Armageddon) de la série *Millenium*, Russell ne montre aucune compassion pour la condition ouvrière[175]. Il prétend que chaque combat engendre une détérioration sociale.

Le fondateur de la secte tente de convaincre les ouvriers d'accepter leur sort, et justifie de manière éhontée le monopole des Trusts. Est-ce que Russell, comme les journalistes, est soudoyé par les grandes entreprises afin de calmer des ouvriers réduits à l'état d'esclavage ? Dans *La Tour de Garde* (version allemande) du 1er janvier 1911, Russell loue l'œuvre du magnat J. P. Morgan. Il affirme comme principe que le travail représente l'accomplissement des Écritures.

---

175. Version allemande de ces ouvrages : *Tag der Rache* et *Der Krieg von Armageddon*.

Quand, en août 1914, la Belgique est occupée par les troupes allemandes, le Président américain Wilson déclare : « Il est nécessaire que les États-Unis demeurent neutres. » Dans un message adressé, en décembre 1914, au Congrès américain, le même Président garantit : « Nous nous trouvons en situation de paix avec le monde entier. Nous sommes les amis sincères de toutes les nations de la terre. Nous sommes les pionniers de la concorde et de la paix. »

Cependant, le Trésor américain envoie chaque mois, en Europe, 500 millions de dollars, à un taux d'intérêt de 3 %. L'US Steel Corporation de Morgan livre aux alliés six millions de tonnes d'acier pour les entreprises d'armes et de munitions. Berlin se plaint de ce soutien auprès de la Maison-Blanche et reproche la vente de munitions aux Anglais.

Après le torpillage, par un sous-marin U20 allemand, du paquebot transatlantique britannique Lusitania, qui cause la mort de 1 198 passagers, la Chambre des représentants américains, composée du Sénat et du Congrès, déclare la guerre à l'Allemagne, le 6 avril 1917, par 373 voix contre 50. L'*Espionnage Act* est approuvé par le Congrès le 15 juin 1917 : des peines sont prévues contre ceux qui propageraient de fausses informations dans le but d'aider l'ennemi, d'inciter à la révolte dans les forces armées ou d'entraver les opérations de recrutement[176].

Et, le naufrage du Lusitania n'est qu'une mise en scène. Le chargement de ce bateau se composait de matériels militaires destinés à la Grande-Bretagne. Il ne s'agissait pas simplement de passagers, comme les Américains l'affirmèrent. Le Président Wilson avait déposé la lettre de fret maritime du Lusitania aux archives du ministère des Finances américain. Elle prouve que le paquebot transportait des marchandises militaires. Sans escorte, le Lusitania avait navigué à vitesse réduite dans les eaux d'une région fréquentée par des sous-marins ennemis. La destruction de ce bateau servit de prétexte au Président Wilson pour intervenir dans le conflit.

Ensuite, J. P. Morgan proposa au Président Wilson, pour s'allier à la France et à l'Angleterre contre l'Allemagne, une aide sous la forme d'un emprunt de 500 millions de dollars permettant l'achat de munitions[177].

---

176. Yves-Henri Nouailhat, *Les États-Unis de 1917 à nos jours*, Armand Colin, 2009. [Quant au *Sedition Act* du 16 mai 1918, il prévoit de lourdes peines d'emprisonnement ou de fortes amendes pour tous ceux qui gêneraient l'effort de guerre. 2 168 Américains sont poursuivis et 1 055 sont condamnés en application de l'*Espionnage* et du *Sedition Act*.]
177. C. C. Tancill, *Amerika geht in den Krieg* (L'Amérique entre en guerre), Stuttgart, 1939,

Paul Warburg (frère de Félix Warburg), directeur du Federal Reserve Board, se félicite de cet accord[178].

Un mois après le déclenchement des hostilités, Rutherford publie la traduction en allemand de *The Finished Mystery* (Le mystère résolu), sous le nouveau titre de *Das vollendete Geheimnis* (Le secret accompli). Ce livre, qui invite à ne pas accomplir les obligations militaires, contient par ailleurs des citations de célébrités ayant pris position contre la guerre. Il se fait l'écho du camp pacifiste, soutenu par Warburg & Co., et doit, à ce titre, être publié avant l'entrée en guerre des États-Unis. Cet ouvrage, qui a pour objectif d'endiguer les visées bellicistes de Washington, est interdit par le gouvernement américain.

b) Une Tour d'espions

Le 7 mai 1918 est promulgué un mandat d'arrêt contre Rutherford et sept membres de la hiérarchie de la Société de la Tour de Garde. Le président de l'organisation est accusé de conspiration et d'infraction à la loi du 15 juin 1917, qui porte donc sur l'espionnage. La publication et la diffusion du livre *The Finished Mystery* (La fin du Mystère) constitue la raison principale de son arrestation. De plus, Rutherford est coupable d'incitation à la désobéissance et au refus du service national, d'entrave au recrutement pour le service national et de collaboration avec l'ennemi.

Le 20 juin 1918, les jurés déclarent coupables Rutherford et certains de ses collaborateurs de ces chefs d'accusation. Sept d'entre eux sont condamnés de manière individuelle à quatre fois vingt années de prison et le huitième à quatre fois dix ans.

Le juge expose le motif pour lequel d'aussi lourdes peines sont prononcées à l'encontre des Étudiants de la Bible : « D'après la décision du tribunal, la propagande religieuse – à laquelle s'adonnent les accusés au sein de notre nation, ainsi que dans les pays alliés –, représente un aussi grand danger que celui d'une division allemande. »

Les bureaux de la Société de la Tour de Garde sont fréquentés par des agents allemands. Dans le mémorandum du ministère de la Justice, cette accusation est confirmée et enregistrée le 4 mai 1918 dans le *Congressional Record* (S. 6053), document contenant les débats, procédures et activités du

---

p. 84.
178. *Ibid.*, p. 365 ; voir aussi Eustace Mullins, *Die Bankiersverschwörung von Jekyll Island* (La conspiration du banquier de Jekyll Island), Oberammergau/Oberbayern, 1956, p. 55.

Congrès des États-Unis.

Les liens de la Société de la Tour de Garde avec des agents allemands furent également découverts au Mexique[179]. Le rapport *The case of the international Bible Students* (Le cas des Étudiants internationaux de la Bible), page 96, restitue les documents du jugement.

Sur le territoire américain, deux stations de radio permettant d'entrer en liaison avec l'Allemagne sont en service. Utilisées à des fins d'espionnage, le gouvernement les fait fermer. Tous ceux qui collaboraient avec l'Allemagne, dont les Warburg, accusés d'espionnage, perdent toute possibilité de contact[180].

Le 8 mars 1918, l'*Electrical Review* communique que les autorités fédérales ont fouillé les locaux, à New York, et y ont découvert un émetteur radio. Cette station de radio appartient à un certain Richard Pfund, ancien employé de radio à Tuckerton (État du New Jersey) et à Sayville (État de New York). Bien que l'appareil soit débranché, les experts constatent que l'équipement peut être mis en état de fonction en seulement une demi-heure. À cette époque, ce matériel envoyant et recevant des messages codés, constitue une nouveauté technique dans le domaine de l'espionnage.

Étrangement, les bureaux principaux de la Société de la Tour de Garde à Brooklyn possèdent un récepteur semblable, sans fil. Début 1918, le service de renseignement militaire des États-Unis perquisitionne à New York le siège de la Société de la Tour de Garde. L'organisation est suspectée d'entretenir des liens avec l'ennemi[181]. Le service de renseignement militaire découvre l'appareil récepteur débranché, précisément comme dans le cas de Richard Pfund, ainsi qu'une antenne installée sur le toit du bâtiment[182].

Les locaux de la secte cachent aussi une radio relevant de techniques d'espionnage de pointe. Quelle serait l'utilité pour une organisation sectaire de posséder un tel matériel particulièrement perfectionné ? Pourquoi des agents allemands visitent-ils les bureaux de la secte à Brooklyn et au Mexique ?

---

179. Springmeier, *op. cit.*, p. 222.
180. David Farrer, *The Warburgs : The story of a Family* (Les Warburg, histoire d'une famille), Scarborough House, 1975, p. 80.
181. *Die Zeugen Jehovas in Gottes Vorhaben* (Les Témoins dans les projets de Dieu), La Société de la Tour de Garde, 1960, p. 58.
182. *La Tour de Garde* (version allemande) du 15/6/1955.

Chapitre 5

Les Témoins de Jéhovah et le national-socialisme

La Société de la Tour de Garde et ses adeptes assurent qu'ils se sont toujours tenus en dehors du jeu politique. Cette affirmation sur les positions de neutralité suscite bien des doutes. Dans *Réveillez-vous !* (version allemande : *Erwachtet !*) du 8 janvier 1995, page 25, il est mentionné : « *Ils ne sont pas de ce monde, comme moi-même, Je ne suis pas de ce monde (Évangile selon saint Jean 17, 16).* Par ces paroles, Jésus et ses disciples s'inscrivaient dans la neutralité absolue à l'égard des affaires politiques. Alors que l'Église catholique s'immisce de plus en plus dans le politique, les vrais chrétiens [Témoins de Jéhovah] respectent l'exigence de Jésus. »

À ce titre, les Témoins de Jéhovah ne votent pas, refusent d'effectuer leur service national et n'accomplissent, jusqu'au 1er mai 1996, aucun service civil[183]. La Société de la Tour de Garde rabâche *ad nauseam*, que quiconque prendrait part au service militaire ou entrerait dans une administration patriote transgresserait ses fondements religieux et agirait contre sa conscience.

Par obéissance à l'organisation, de nombreux Témoins de Jéhovah sont emprisonnés et condamnés à des amendes élevées pour avoir respecté cet enseignement.

a) Service militaire : le double jeu

La Tour de Garde soutient que, pendant la Première Guerre mondiale, comme aujourd'hui, les Témoins de Jéhovah refusent d'accomplir leur service militaire. Le livre *Jehovas Zeugen in Gottes Vorhaben*[184], édité par la Société de la

---

183. Comparaison avec la *Wachtturm* du 15/6/1996.
184. *Jehovas Zeugen in Gottes Vorhaben* (Les Témoins de Jéhovah dans le projet de Dieu),

Tour de Garde, formule explicitement qu'« ils refusèrent d'y participer. »

La Tour de Garde (version allemande) du 1er juin 1979, page 19, publie la déclaration suivante : « Dans le cadre des deux guerres mondiales, pendant la période de la Guerre froide et dans le cadre des oppositions armées, les Témoins de Jéhovah ont observé leur position de neutralité chrétienne et de non-violence. »

Réveillez-vous ! du 22 octobre 1994 (version allemande), page 7, avance : « Il est juste que les Témoins de Jéhovah demeurent neutres et ne s'impliquent dans aucun différend politique. Ils n'ont pas versé de sang ni durant la Seconde Guerre mondiale ni dans un autre conflit. »

D'après ces témoignages, il semble que la position des Témoins de Jéhovah n'a pas changé et, quelles que soient les circonstances, les adeptes de la secte ont toujours refusé d'effectuer leur service national. Malheureusement, ces assertions ne correspondent pas à la réalité historique. Pendant plusieurs années, Russell enseigne que les Saintes Écritures n'interdisent pas le service militaire[185]. En 1903, il assure, dans *La Tour de Garde* : « Il n'y a aucune raison d'effectuer un quelconque service national. » Pourtant, en 1904, dans *Études dans les Écritures*, au sixième volume intitulé *La Nouvelle Création*, le pasteur affirme que la Bible ne s'oppose pas à ce que les chrétiens se battent sur un front. Il se réfère au fait que les disciples de Jésus portaient des armes et ajoute que le soldat romain Cornélius, après son baptême, avait accompli son service militaire. D'après ses explications, il n'y a alors aucune restriction pour que les Étudiants de la Bible effectuent leur service national.

Quand la Première Guerre mondiale est déclarée, Rutherford séjourne en Europe. Peu avant le début des hostilités, des conférences sont données en Allemagne et au Danemark. Étonnamment, le président de la Société de la Tour de Garde n'aborde ni la question de la neutralité ni celle du service militaire[186].

Quelques-uns prétendent de manière erronée que Rutherford fut surpris par le déclenchement de la Première Guerre mondiale. Les manœuvres effectuées dans les différents pays européens laissaient pourtant présager de l'imminence du conflit. Tous, Rutherford y compris, étaient au courant du développement de la situation en Europe. Les *Annales* de 1993 des Témoins

---

op. cit., p. 55.

185. *La Tour de Garde* (version anglaise) du 1er août 1989, p. 231.

186. *Jehovas Zeugen in Gottes Vorhaben* (Les Témoins de Jéhovah dans le projet de Dieu), *op. cit.*, p. 60.

de Jéhovah, page 77, signalent : « Compte tenu de la proximité de la guerre, Rutherford commença à se sentir mal à l'aise. Il voulut se réfugier en Angleterre, mais les liaisons maritimes régulières entre Esbjerg au Danemark et les ports anglais étaient interrompues, de sorte que personne ne pouvait savoir ce qu'il se passait. » Or, Rutherford parvint à se rendre en Angleterre en prenant un chalutier !

De plus, après le déclenchement des hostilités, un nombre considérable d'adeptes de la Société de la Tour de Garde accomplit son service militaire et combattit au front. Le n° 9 de *La Tour de Garde* (version allemande) de 1915 diffuse l'avis de décès du frère Max Nitzsche qui, le 15 juillet 1915, tomba lors d'une attaque menée contre les Russes. Hero von Ahlften, représentant de la Société de la Tour de Garde en Allemagne, sert dans l'armée. Selon le n° 11 de *La Tour de Garde* (version allemande) de 1915, 350 combattants allemands font partie des Étudiants de la Bible. Au même moment, sous le titre *Briefliches von unserer Bruderschaft im Felde* (Écrits de nos frères aux champs de combat), la Société publie des lettres de Témoins de Jéhovah sur le front.

L'historien Detlef Garbe reproduit dans sa thèse *Zwischen Widerstand und Martyrium. Die Zeugen Jehovas im Dritten Reich* (Entre résistance et martyre. Les Témoins de Jéhovah sous le IIIᵉ Reich) une réponse apportée par la direction des Témoins de Jéhovah et publiée dans *La Tour de Garde* (version allemande) de juillet 1942, concernant la participation de Témoins de Jéhovah au service militaire : « Un écrit illégal des Étudiants de la Bible, en Allemagne, paru lors de la Seconde Guerre mondiale sur les Étudiants de la Bible appelant au refus du service national, exposait que de nombreux croyants avaient participé à la Première Guerre mondiale, par ignorance de la loi de Dieu, et sont devenus des meurtriers[187]. »

Mais, pendant le premier conflit, les dirigeants de Brooklyn n'ont alors rien objecté aux adeptes qui ont signé leur engagement. Ce fait se vérifie dans le livre *Dann ist das Geheimnis Gottes vollendet* (Ensuite, le mystère de Dieu s'est accompli). Lors d'un rassemblement des Étudiants de la Bible qui se déroule en septembre 1918 à Milwaukee, dans l'État du Wisconsin, les autorités verrouillent les portes et obligent les participants à présenter leur livret mili-

187. Detlef Garbe, *Zwischen Widerstand und Martyrium. Die Zeugen Jehovas im Dritten Reich* (Résistance et martyre. Les Témoins de Jéhovah sous le IIIᵉ Reich). Dissertation pour l'obtention du doctorat de Philosophie de l'université de Hambourg, Hambourg, 1989, p. 58.

taire. Tous les jeunes hommes possèdent bien un livret militaire[188] !

Même dans le livre d'histoire de la Société de la Tour de Garde, *Zeugen Jehovas, Verkündiger des Königreiches Gottes* (Les Témoins de Jéhovah, les annonciateurs du Royaume de Dieu), publié en 1993, il ressort que les Étudiants de la Bible étaient descendus dans les tranchées et avaient porté fusil et baïonnette. Gênée par cette évidence, la direction de la secte tenta de minimiser l'enrôlement : « Gardant en mémoire le passage de la Bible *Tu ne tueras point*, ils tiraient en l'air ou, sur le front, essayaient de déposséder l'ennemi de son arme. » (page 191)

Parmi les Témoins de Jéhovah, comme pour d'autres mouvances chrétiennes, des fidèles s'opposèrent au service national. Pendant la Première Guerre mondiale, seulement cinquante Étudiants de la Bible refusèrent d'accomplir leurs obligations militaires. Vingt d'entre eux furent condamnés à cinq ans d'emprisonnement[189]. La Société de la Tour de Garde préfère alors laisser à ses adeptes toute liberté de conscience de s'engager ou non dans les hostilités.

Et quand le régime national-socialiste décrètera le bannissement des Témoins des Jéhovah, le siège suisse de la secte deviendra la base stratégique de son activité en Europe. Pour assurer le maintien de la centrale de la Tour de Garde à Berne, la direction de Brooklyn sera d'avis que les Témoins de Jéhovah suisses remplissent leurs obligations militaires, tandis qu'en Allemagne leurs coreligionnaires sont exécutés parce qu'ils ne voudront pas effectuer le service national. Une déclaration du 15 septembre 1943 de la Société de la Tour de Garde en Suisse annonce : « Des centaines de nos membres ont rempli leurs obligations militaires et continuent de les accomplir[190]. »

Plus récemment, en 1993, le cas de la République tchèque prouve encore le double jeu et les positions contradictoires de la secte concernant le service national. Le siège de la Société rédige le courrier suivant aux autorités pragoises :

---

188. Frederick William Franz, *Dann ist das Geheimnis Gottes vollendet* (Ensuite le secret de Dieu est accompli), La Société de la Tour de Garde, 1969, p. 324.
189. Johann Ohrtmann, *Die Kriegsdienstgegnerbewegung* (Le mouvement des objecteurs de conscience), Heide, 1932, p. 9.
190. *Trost* du 15/10/1943.

Cher Ministre,

Par la présente, nous répondons à votre courrier du 23 juin 1993, dans lequel vous portez des objections contre les principes des Témoins de Jéhovah et demandez notre position sur deux questions :

1. *Est-ce que la communauté des Témoins de Jéhovah enseigne qu'un membre de la communauté ne peut remplir ses obligations militaires ou, par substitution, ne peut effectuer des exercices militaires comme cela est stipulé dans la loi n° 49/1949 ?*

   Non, la communauté ne diffuse aucun enseignement de la sorte.

2. *Est-ce que la communauté des Témoins de Jéhovah enseigne qu'un membre de la communauté ne peut effectuer de service de substitution comme l'autorise la loi n° 18/1992 sur le service militaire ainsi que la loi 135/1993 ?*

   Non, la communauté ne diffuse pas cet enseignement.

Ces déclarations de la Société de la Tour de Garde se distinguent clairement de la propagande instillée dans ses publications. Dans le cas de la République tchèque, l'organisation de Brooklyn ne s'oppose donc pas au fait que les membres effectuent le service national.

« Dieu et l'État donnent à chacun ce qui lui revient de droit. » Cette devise est inscrite en guise de titre sur *La Tour de Garde* (version allemande) du 1er mai 1996. À l'intérieur du livret, il est mentionné : « La décision de service alternatif est une décision de conscience personnelle. Les plus âgés doivent respecter pleinement la conscience du « frère » et le considérer toujours comme chrétien. »

En réalité, l'accomplissement du service alternatif entraîne automatiquement une exclusion de la secte !

b) La secte dans l'Allemagne de l'entre-deux-guerres

Pendant les années qui suivent la Première Guerre mondiale, la Société de la Tour de Garde prospère en Allemagne. En 1918, la secte compte 3 868 membres, répartis en cinq groupes. En 1919, leur nombre atteint 5 545 adeptes[191]. Le 7 décembre 1921, la Société de la Tour de Garde est reconnue comme étant une association légale en Amérique du Nord.

Entre 1919 et 1933, les Témoins de Jéhovah distribuent en Allemagne au moins 125 millions de livres, brochures et périodiques, ainsi que des millions

---

191. Konrad Algermissen, *Die Zeugen Jehovah* (Les Témoins de Jéhovah), Celle, 1949, p. 7.

de tracts. Ce pays s'impose comme un des centres principaux des activités de la Société. Parmi les 115 nations dans lesquelles la secte est alors implantée, plus de dix mille adeptes sont recensés en Allemagne et aux États-Unis.

De nombreux Allemands écoutent à cette époque le message de la Société de la Tour de Garde, cristallisé autour du thème des « millions de personnes qui vivront éternellement ». Il est enseigné la résurrection des patriarches comme Abraham et Isaac en 1925, ainsi que l'avènement du paradis sur terre qui, à partir de Jérusalem, conduirait à un gouvernement mondial.

Comme nous l'avons déjà mentionné, Rutherford et ses compagnons sont condamnés pour trahison à de lourdes peines d'emprisonnement. À partir de ce moment, le président ne s'engage pas uniquement en faveur du sionisme : il appelle à la désobéissance contre les gouvernements, les représentants politiques, les fonctionnaires de police, la justice, etc. Afin que ses directives ne soient pas critiquées sur le plan politique, il se présente comme le porte-parole de Dieu ! Il assène que les chrétiens ne doivent pas obéir aux gouvernements actuels, mais seulement à Dieu. Les Étudiants de la Bible sont alors obligés, en vertu de leur « mission divine », de dénoncer toutes les autorités mondiales assimilées à des représentations de Satan. Les adeptes critiquent toutes les formes de gouvernement. Cependant, le système théocratique institué par Rutherford engendre de nombreux problèmes. Par exemple, *La Tour de Garde* (version néerlandaise) du 1er mai 1941, se plaint que les partisans de la secte montrent un comportement intègre : ils jugent inutile de se soumettre à l'obligation du mariage civil exigé par l'État et préfèrent vivre en concubinage[192]. Les dirigeants auraient voulu que les adeptes adoptassent d'autres positions moins déshonorantes aux yeux d'une population attachée aux valeurs chrétiennes, quitte à officialiser leur union devant une administration.

En Allemagne, à compter de 1941, l'Église catholique publie des brochures et des livres s'opposant à ces pratiques, et dénoncent les dangers de la Société de la Tour de Garde.

Rutherford monte ses partisans contre les gouvernements et cultive une haine sans limite contre l'Église catholique. Il charge les Témoins de Jéhovah de distribuer des brochures et des journaux directement aux portes des églises et devant les cimetières lors des enterrements, sous les quolibets des familles endeuillées. Le périodique bimestriel des Témoins de Jéhovah des années 1920 *Das goldene Zeitalter* insulte le clergé avec des articles calomnieux et des caricatures. Les membres de la Société de la Tour de Garde s'attirent

---

192. *Tour de Garde* (version néerlandaise) du 1er mai 1941, p. 141.

très rapidement le mépris des communautés chrétiennes.

Pour venir juridiquement à bout de la secte, la législation allemande tente de contrecarrer ces pratiques. D'après les articles 166 et 167, il devient interdit d'insulter les Églises officielles et de colporter sans autorisation. En 1926, les membres de la Tour de Garde font l'objet de 897 procès. À partir de 1930, les appels à une action de l'État contre la Société de la Tour de Garde se font plus pressants. Le 28 mars 1931, le ministre de l'Intérieur présente un décret visant à combattre les excès politiques. Les fonctionnaires de police ont alors plus de liberté pour agir contre la secte, car une clause permet d'intervenir dans le cas où une communauté religieuse, son institution, ses rites ou ses sujets, seraient insultés ou traités avec malveillance[193].

Le 14 novembre 1931, la Bavière est le premier Land à appliquer la nouvelle directive. Ainsi, les publications de la Société de la Tour de Garde sont proscrites. À la suite d'un rapport de police adressé au ministère de l'Intérieur, vingt-sept actes de confiscation dressés par la police y sont recensés, entre décembre 1931 et mai 1932, et concernent des outils de propagande littéraire appartenant à la secte[194].

La Bavière, qui joue un rôle précurseur contre la propagande des Témoins de Jéhovah, est le lieu de nombreuses arrestations. En 1932, plusieurs pays reprennent l'exemple bavarois[195].

Adolf Hitler organise son parti avec efficacité : aux élections du 31 juillet 1932, le NSDAP renforce ses positions et obtient 37,3 % des voix.

À la mi-janvier 1933, anticipant de deux semaines l'accession au pouvoir d'Hitler, la Société de la Tour de Garde publie dans son périodique *Das goldene Zeitalter* (L'âge d'or) une résolution dans laquelle il est assuré que la secte continuera à diffuser son message.

Le 22 janvier, à l'insu de Schleicher, Paul von Hindenburg, Président de la République de Weimar, charge Franz von Papen[196] de négocier directement avec Hitler, la nomination de ce dernier au poste de chancelier. Le 28 janvier, Schleicher quitte le pouvoir et recommande, contraint, son remplacement par

---

193. *Reichsgesetzblatt 1931*, 1er §, art. 3 du *Verordnung des Reichspräsidenten zur Bekämpfung politischer Auschreitungen,* du 28 mars 1931, p. 79.
194. Garbe, *op. cit.*, p. 109.
195. *Jahrbuch 1933 der Zeugen Jehovas* (*Annales* 1933 des Témoins de Jéhovah), La Société de la Tour de Garde, p. 99.
196. Catholique conservateur, von Papen est chancelier du 1er juin 1932 au 17 novembre 1932, et vice-chancelier du 30 janvier 1933 au 7 août 1934.

Hitler. Le 29 janvier 1933, Hindenburg nomme Hitler au poste de chancelier. Le jour suivant, il forme son cabinet avec Franz von Papen. Le 28 février 1933, Hindenburg abroge le droit constitutionnel et autorise Hitler, en cas d'urgence, à prendre les pleins pouvoirs.

Un premier conflit entre le nouveau gouvernement et la secte éclate lors des élections du 5 mars 1933. Pour recevoir un plébiscite massif, le régime national-socialiste oblige tous les Allemands à participer aux élections. Aux yeux des SA (service d'ordre fondé en 1920, destiné à protéger les réunions du NSDAP), tout réfractaire est considéré comme un élément suspect de la nation. Refusant, par déontologie, de voter, les Témoins de Jéhovah sont alors enregistrés comme opposants politiques. Les troupes des SA vont de maison en maison pour obliger la population à prendre part aux élections. Les électeurs sont même accompagnés jusqu'aux bureaux de vote. Afin de ne pas se soumettre à ce coup de force, des Témoins de Jéhovah prennent congés de leur domicile pour une longue durée.

À en croire les publications de *La Tour de Garde*, les Témoins de Jéhovah auraient aussi refusé de prêter obéissance au pouvoir national-socialiste. Ils auraient été les seuls, en Allemagne, à protester contre Hitler et à ne pas céder à la politique du Reich. *Réveillez-vous !* (version allemande) du 8 juillet 1985, page 10, affirme : « En Allemagne, il y eut un groupe qui, fort courageusement, respecta les principes chrétiens : les Témoins de Jéhovah. À l'opposé du clergé et de ses fidèles, ils ne conclurent aucun compromis avec Hitler et le national-socialisme. Ils n'ont pas enfreint leur neutralité chrétienne dans les affaires politiques… Contrairement à la majorité écrasante des clercs et de leurs fidèles, ils ne saluèrent jamais Hitler. »

Dans ce cas encore, la réalité est tout autre ! En septembre 1976, lors d'une conférence, Conrad Frank, responsable de la Société de la Tour de Garde pour le district de Bad Hersfeld, en Allemagne, explique que le comportement des Témoins de Jéhovah sous le IIIe Reich est relaté de manière erronée. Beaucoup de fidèles de la Société de la Tour de Garde acceptèrent le salut hitlérien et justifièrent cette attitude par la conviction qu'il n'impliquait pas leur pratique « religieuse » : c'était un « salut inoffensif ». Beaucoup de Témoins de Jéhovah prirent part aux célébrations du IIIe Reich, exécutèrent le salut hitlérien et certains même allèrent jusqu'à hisser le drapeau frappé de la croix gammée[197].

---

197. Transcription de l'enregistrement sonore de Helmut Lasarcyk (1990) ; et Elke Imberger, *Widerstand von unten. Widerstand und Dissens aus den Reihen der Arbeiterbewe-*

c) Hitler prend les pleins pouvoirs

Après la mort d'Hindenburg, le 2 août 1934, Hitler cumule les charges de Président et de chancelier du Reich. Le Führer commence par s'affranchir des conditions étouffantes du Traité de Versailles. Le 16 mars 1935, il annonce le rétablissement du service militaire obligatoire et décide de porter les effectifs de la Wehrmacht de 100 000 à 500 000 soldats, par la création de trente-six divisions supplémentaires. Il s'agit de la première violation flagrante du Traité de Versailles, considéré comme injuste par l'Allemagne.

En raison du boycott des élections, du refus de saluer le drapeau et d'effectuer le salut national-socialiste, comportements considérés comme des signes d'incitation au désordre public, des Témoins de Jéhovah sont emprisonnés. Il en est ainsi jusqu'en 1935. Ils comparaissent devant un juge qui, soit leur inflige une amende, soit les condamne à une courte peine de prison. Grâce au Traité de Versailles, ils ne rencontrent pas de problèmes concernant leur opposition au service national. Ces dispositions changent en 1935, après l'introduction du service militaire.

Le gouvernement charge les autorités de police de vérifier si, parmi les Étudiants de la Bible, des membres se seraient dérobés. Comme seuls les hommes nés avant 1914 furent appelés, il y eut, en 1935, très peu de Témoins de Jéhovah arrêtés et emprisonnés.

Les Témoins de Jéhovah échappent aussi au service national, en raison d'une loi interdisant l'engagement dans la Wehrmacht aux ennemis de l'État, y compris aux objecteurs de conscience. Ils tirent avantage de la législation lorsqu'ils sont pris en train de distribuer des publications interdites et sont juridiquement condamnés[198].

D'après les rapports de la Gestapo, la Société de la Tour de Garde diffuse même des tracts qui appellent à refuser toute forme de service national. L'armée allemande considère la secte comme une menace. Les autorités durcissent leurs positions.

Le 22 avril 1937, la Gestapo communique à tous les postes de police qu'après leur peine de prison, les partisans de la secte de Rutherford doivent être conduits en détention dans les camps de concentration ou de détention

---

gung und der Zeugen Jehovas in Lübeck und Schleswig-Holstein 1933-1945 (Résistance d'en bas. Résistance des rangs du mouvement des travailleurs et des Témoins de Jéhovah à Lubeck et dans le Schleswig-Holstein de 1933 à 1945), Neumünster, 1991, p. 262.
198. Garbe, *op. cit.*, p. 466.

préventive[199]. Pour se soustraire à ce traitement, les adeptes de la Société de la Tour de Garde doivent signer une déclaration dans laquelle ils abjurent leur foi envers les enseignements de la secte :

1. Je reconnais que l'association internationale des Étudiants de la Bible propage une hérésie et que, sous couvert d'une activité religieuse, elle poursuit des objectifs antinationaux.
2. Pour cette raison, je ne fréquente plus cette organisation et refuse tout lien avec cette secte.
3. J'assure ainsi que je ne travaillerai plus pour les Étudiants de la Bible. Je m'expose à des poursuites immédiates dans le cas où des personnes qui s'adresseraient à moi dans un esprit de propagande ou, d'une autre manière, feraient connaître leurs liens comme Étudiants de la Bible. Les écrits des Étudiants de la Bible qui me seraient envoyés, seront déposés au poste de police.
4. Je respecterai les lois de l'État, en particulier dans le cas d'une guerre, je défendrai l'arme à la main ma patrie et m'insérerai pleinement dans la société.
5. Il m'est signalé que je m'attends à une nouvelle mise en détention préventive si je contreviens à la déclaration de ce jour.

Quand la Seconde Guerre mondiale éclate, la situation des Témoins de Jéhovah se détériore. Le paragraphe 5 - alinéa 1.3 du droit de la guerre stipule que tous les objecteurs de conscience sont condamnés à la peine capitale. Des milliers de catholiques, de luthériens, de mennonites, d'adventistes du Septième jour furent ainsi exécutés.

Entre le 26 août 1939 et le 30 septembre 1940, sur 152 procès contre les Étudiants de la Bible, dans 112 cas, soit 73,7 %, la sentence de mort fut prononcée. D'après Detlef Garbe, sur la durée totale de la Seconde Guerre mondiale, entre deux cent cinquante et trois cents Témoins de Jéhovah sont condamnés à mort[200]. Les adeptes de la secte sont convaincus de leur mission divine. D'autres Témoins de Jéhovah, à en dépit de leur prescription religieuse, préfèrent effectuer le service national et, à ce titre, servirent dans la Wehrmacht et dans la milice populaire, la Volksturm[201]. Levée en 1944, elle

---

199. Document de la *Geheimpolizei* (police politique) A2 11 B2/326/37S. Les premiers camps de concentration apparaissent dès 1933 sur le territoire allemand.
200. Garbe, *op. cit.*, p. 491.
201. Reimer Möller, *Widerstand und Verfolgung in einer agrarisch-kleinstädtischen Region : SPD, KPD und Bibelforscher im Kreis Steinburg 1933-1945* (Résistance dans une petite ville agraire : SPD [Parti social démocrate allemand], KPD [Parti communiste allemand] et les

épaule l'armée allemande dans la défense du territoire du Reich à la fin du conflit.

Dans les années 1930 et 1940, aux États-Unis, la Société de la Tour de Garde est affaiblie. D'année en année, les arrestations des Étudiants de la Bible se multiplient. Les juges et les procureurs utilisent des dispositions légales, comme l'obligation de saluer la bannière étoilée, pour saper le développement de la secte. Paru en 1960, le livre *Jehovas Zeugen in Gottes Vorhaben* affirme que les lois assimilent les Témoins de Jéhovah à des criminels de la pire espèce[202]. Malgré ses démêlés juridiques, le gouvernement américain intervient assez souvent, par le biais du Département d'État, pour que le régime hitlérien assure la protection de la Société de la Tour de Garde en Allemagne[203].

La correspondance du ministère des Affaires étrangères publiée en 1949, fait ressortir de nombreuses interventions du Département d'État, de l'ambassade américaine à Berlin et du consulat général en Allemagne en faveur de la secte. Par ailleurs, la hiérarchie des Témoins de Jéhovah évite en toute conscience de révéler la vérité sur les événements des années 1930 en Allemagne[204].

Le 4 février 1933, afin de lutter contre les revendications des groupes communistes, Hitler avait obtenu du Président Hindenburg la promulgation d'une ordonnance autorisant l'État à interdire toutes réunions et publications qui menaceraient la sécurité. La police confisque les documents constituant un danger pour l'ordre public. Pour leur part, du 6 au 8 avril 1933, les Témoins de Jéhovah organisent une « période de témoignage » et distribuent deux millions d'exemplaires de la brochure *Die Krise* (La crise), dans laquelle la secte se déclare ouvertement antimilitariste. Ce document est interdit entre autres à cause du motif de sa reliure représentant un soldat qui tient une épée tachée de sang. La Gestapo s'empare de l'imprimerie de la Société de la Tour de Garde et du Béthel de Magdebourg (siège de la secte en Allemagne). En raison de cette brochure et de l'appel antimilitariste, les services de ren-

---

Étudiant de la Bible dans la circonscription de Steinburg), ZSHG 114, 1989, p. 533.
202. *Jehovas Zeugen in Gottes Vorhaben*, p. 177.
203. Le Département d'État compile et analyse, par le biais des services de renseignements, une grande quantité d'informations concernant les domaines politique et économique des pays dans lesquels les États-Unis sont représentés par leurs ambassades.
204. *Foreign Relations of the United States* (Relations étrangères des États-Unis), *Diplomatic Papers 1933*, t. XI : *The British Commonwealth, Europe, Near East and Africa*, Washington, 1949, pp. 406-417.

seignement allemands cherchent des liens entre la secte et des pouvoirs étrangers communistes. Le Reich aurait trouvé des preuves à ses allégations. La nouvelle loi est appliquée et tous les biens de l'organisation sont confisqués.

Aux États-Unis, le ministère des Affaires étrangères télégraphie aussitôt à son ambassade de Berlin une instruction lui demandant de s'occuper de l'affaire. Peu après, le consul général George S. Messersmith communique que le gouvernement allemand a cédé à la pression diplomatique et que la Tour de Garde a recouvré ses biens[205]. Le 29 avril, l'occupation des bureaux par les forces de l'ordre est levée. Cette période de relative clémence ne dure que quelques jours.

Seules les publications ne sont pas restituées. Le gouvernement allemand considère nécessaire de soumettre tous les écrits de la secte à un examen précis, pour identifier si certains textes constituent une menace pour la sécurité. Un contrôle opéré conjointement par la police de Kiel et la police politique confirme le danger contenu dans la propagande de la Société de la Tour de Garde. À partir de mai 1933, l'activité des Témoins de Jéhovah est interdite dans le district de Lippe et le Land de Thuringe. Cette mesure s'étend à d'autres districts du Reich. De nouveau, le Département d'État américain, représenté par le consul Raymond H. Geist, prend langue avec le gouvernement allemand[206].

Contrairement à l'intervention précédente concernant les mesures contre la secte, cette fois-ci l'interdiction n'est pas levée. À partir de la mi-juin, les activités des Témoins de Jéhovah sont prohibées sur tout le territoire allemand. Le 24 juin 1933, le ministre de l'Intérieur du Reich et du Land de Prusse et le secrétaire d'État Grauert entérinent cette décision. Cependant, la secte est encore autorisée pour une courte durée.

d) La Déclaration des faits et l'antisémitisme

Aujourd'hui, la Société de la Tour de Garde s'ingénie à enjoliver l'histoire et rapporte volontiers que ses fidèles et sa hiérarchie n'ont jamais été complices des fonctionnaires du Reich. Pour étayer cette affirmation, ils citent de manière mensongère des universitaires ayant publié sur ce thème. Une vérification des références atteste que la secte détourne l'objet des documents et sort

---

205. *Foreign Relations of the United States, Diplomatic Papers 1933 : The British Commonwealth, Europe, Near East and Africa*, Washington, 1949, p. 406.
206. *Foreign Relations of the United States, op. cit.*, p. 407.

les citations de leur contexte.

La Tour de Garde (version allemande) du 1er octobre 1984 publie un article sous le titre *Beindruckt der Integrität der Zeugen Jehovas* (Impressionné par l'intégrité des Témoins de Jéhovah) dans lequel est exploitée l'analyse de l'historienne Christine Elizabeth King. D'après *La Tour de Garde*, l'auteur écrit dans son livre *The nazi State and the new religions, five case studies in non-conformity* (L'État nazi et les nouvelles religions, cinq études de cas de non-conformité) : « Ils restèrent fidèles à leurs principes théologiques. Les Témoins de Jéhovah s'en tinrent à leur neutralité. » Or, l'auteur n'arrête pas là son argumentation. Aux pages 151 et 152, le Dr King accuse Rutherford et plusieurs hauts responsables de la secte d'avoir bafoué tout engagement de neutralité, et mentionne les tentatives du président de l'organisation de gagner la sympathie d'Hitler par la Déclaration des faits (*Erklärung der Tatsachen*). Christine Elizabeth King reproduit ce document présenté par la Société de la Tour de Garde et son président, le 25 juin 1933, lors d'un rassemblement à Berlin. Cette déclaration nie entre autres les liens de la secte avec les Juifs qui, en raison de leur position de faiblesse en Allemagne, ne constituent aucun intérêt.

Rutherford, accompagné de Nathan Knorr, se rend alors en Allemagne, où il rencontre en priorité le consul des États-Unis à Berlin, Raymond Geist, pour s'entretenir des problèmes de la secte[207]. Dans la Déclaration des faits, Rutherford approuve la politique d'Hitler contre l'oppression de l'humanité par le grand capital, contre la Société des Nations et les réparations de guerre s'élevant à 33 milliards de dollars imposées à l'Allemagne et à ses alliés. Rutherford va plus loin. Il annonce que Jéhovah et Jésus-Christ se seraient tenus du côté des nazis, et qu'Hitler n'est pas un opposant de la Société de la Tour de Garde en Allemagne. Selon le président de la secte, l'ennemi reste bien Satan. À la fin de la déclaration, Rutherford ajoute qu'aux États-Unis les catholiques essaient, avec les Juifs, de boycotter l'Allemagne. Ce verbiage, qui tente de flatter l'Allemagne national-socialiste, est ainsi libellé :

Il est affirmé à tort par nos ennemis que nos actions seraient financées par les Juifs. Il est absolument faux d'avancer que pour nos travaux nous recevons la moindre subvention ou aide financière des Juifs.

Nous sommes les fidèles successeurs de Jésus-Christ et nous croyons en lui comme étant le Sauveur du monde. En revanche, les Juifs rejettent Jésus-Christ et renient absolument qu'Il est le Sauveur du monde et qu'Il fut envoyé par Dieu pour

---

207. *Idem.*

l'humanité. Ce fait est la preuve que nous ne sommes pas soutenus par les Juifs.

L'Empire anglo-américain constitue le plus grand et le plus oppressant pouvoir au monde. Ce sont les Juifs du monde des affaires de l'Empire américano-britannique qui ont bâti le grand capital et l'ont utilisé comme moyen d'exploitation et d'oppression des peuples.

Cela vaut surtout pour Londres et New York, qui sont des points d'appui du grand capital. Ce fait se vérifie d'autant mieux qu'il existe un proverbe sur New York : « La ville appartient aux Juifs, les catholiques irlandais la dominent, et les Américains doivent payer. »

Dans l'Empire britannique et en Amérique, l'ensemble du peuple a souffert et continue de souffrir à cause de la domination du grand capital et des politiciens sans scrupule. Cette domination est soutenue par les représentants religieux.

Le gouvernement national [du Reich] s'est à présent exprimé contre l'oppression du grand capital et contre les mauvaises influences religieuses dans les affaires politiques de l'État. Ceci est aussi notre position, et nous expliquons plus profondément dans nos publications pourquoi le grand capital oppresseur existe et pourquoi la mauvaise influence politico-religieuse est omniprésente. C'est la raison pour laquelle nos publications et notre activité mettraient soi-disant en danger l'ordre public et la sécurité de l'État.

Un examen soigneux de nos livres et de nos écrits montrera que le haut idéal poursuivi par le gouvernement national est exposé dans nos publications.

Nous rappelons que la Société des Nations imposa une lourde et insupportable charge au peuple allemand. Cette Société des Nations n'opère pas au nom des amis de l'Allemagne.

À présent, il semble que l'Allemagne sera bientôt libérée de l'oppression et que le peuple vivra dans de meilleures conditions. Satan, le plus grand des ennemis, s'efforce d'annihiler dans ce pays cette entreprise d'utilité publique.

Nous nous permettons de faire remarquer ici qu'en Amérique, les catholiques comme les Juifs se sont associés dans l'injure contre le gouvernement national en Allemagne et dans la tentative de boycotter l'Allemagne à cause des fondements du parti national-socialiste[208].

---

208. La déclaration est imprimée dans sa totalité dans les *Annales* de 1933 des Témoins de Jéhovah rédigées par Rutherford : *1933 Yearbook of Jehovah's Witnesses*. L'original se trouve dans les Archives fédérales allemandes sous le n° R.43II/179.126140.

Il est parfaitement visible que Rutherford, avec ce texte, bafoue toute notion de neutralité revendiquée par la secte.

Sur les circonstances de la rencontre des Étudiants de la Bible le 25 juin 1933 à Berlin, Detlef Garbe se souvient[209] : « Le président de la Société de la Tour de Garde, Rutherford, participa personnellement à la préparation du congrès. Rutherford arriva quelques jours auparavant à Berlin, accompagné de son successeur, Nathan H. Knorr, pour conduire les pourparlers sur la déclaration [Déclaration des faits] qui sera prononcée. Les adeptes furent effrayés quand ils entrèrent dans le lieu de cérémonie décoré de croix gammées. La représentation extérieure du congrès fut saluée par l'hymne allemand. »

Le témoignage de Conrad Frank, responsable allemand des Étudiants de la Bible, expose, lors de la conférence publique de Bad Hersfeld, en septembre 1976 : « Ainsi le 25 juin 1933, nous fûmes conviés au dernier moment à une assemblée particulière à Berlin dans la salle de sport du quartier de Wilmersdorf, où fut prononcée la Déclaration des faits. Nous étions bouleversés quand nous entrâmes. Nous ne trouvâmes pas l'atmosphère qui était celle des congrès précédents. La salle était décorée de drapeaux à croix gammée. Quand la réunion débuta, nous reconnûmes aussitôt les notes de l'hymne allemand *Deutschland, Deutschland über alles*. Beaucoup ne purent chanter. C'était comme si cela nous arrachait la gorge. Nos propres chefs nous mettaient en danger et, dans de telles circonstances, nous faisaient courir le risque de faillir, au lieu de nous soutenir, afin que nous adoptions une attitude courageuse. Après la déclaration tenue par le « frère » Rutherford deux cent cinquante exemplaires furent distribués à chacun d'entre nous. Ces feuillets devaient être expédiés avec une lettre accompagnatrice aux autorités publiques, aux magistrats, aux maires et aux commissaires de police[210]. Le « frère » Rutherford envoya ces mêmes documents à Hitler[211]. »

Cette lettre rédigée par Rutherford, après consultation du consul américain Raymond Geist et adressée à Hitler, rend le clergé catholique respon-

---

209. Detlef Garbe, *Zwischen Widerstand und Martyrium : Die Zeugen Jehovas im Dritten Reich* (Entre résistance et martyre. Les Témoins de Jéhovah sous le IIIᵉ Reich) ; *Studien zur Zeitgeschichte* (Études de l'histoire contemporaine), partie 42, Oldenburg, 1993, p. 98 [Il s'agit de la version du livre édité à partir de la thèse de doctorat passée à Hambourg, en 1989, et précédemment mentionnée].
210. *Cf.* : annexe I
211. *Geschichte der Zeugen Jehovas in Deutschland* (Histoire des Témoins de Jéhovah), transcription de l'enregistrement de Helmut Lasarcyk, 1990.

sable de la répression national-socialiste. Elle constitue une déclaration de loyauté des Étudiants de la Bible à l'égard du régime hitlérien. Manifestement, Rutherford, qui qualifie les israélites de « grands affairistes » et diffame injustement l'Église catholique, tente un rapprochement avec Berlin et le Parti national-socialiste.

Le 8 mars 1984, la parution allemande *Stern* note : « Les Témoins de Jéhovah n'étaient pas les ennemis intransigeants des nazis. En 1933, la Société de la Tour de Garde flatte la politique d'Hitler. À l'intérieur [de la lettre], il est question de propagande relative aux *grands affairistes juifs* qui calomnieraient le gouvernement allemand avec lequel elle [la Société de la Tour de Garde] se trouve en plein accord sur les objectifs purement religieux et non politiques. »

Lors de cette conférence, il est décidé que, dans le rapport des Étudiants de la Bible au gouvernement national du Reich, aucune forme d'opposition ne serait mentionnée et que les aspirations des Étudiants de la Bible seront en plein accord avec les objectifs de Berlin[212].

La conclusion de la lettre ne manque pas d'intérêt. Rutherford se réfère au point 24 du programme du NSDAP, et définit la Société de la Tour de Garde comme étant la représentante de la chrétienté. Il déclare la guerre aux personnes d'ascendance juive. Le point 24 du programme du NSDAP stipule : « Nous aspirons à la liberté de toutes les professions de foi religieuses dans l'État, à condition qu'elles ne menacent ni ne transgressent la moralité et l'esprit de la race germanique. »

Comment, après tous les efforts consentis par l'ambassade américaine et le Département d'État, Rutherford peut-il émettre de telles assertions ? Quels sujets a-t-il abordé avec le consul des États-Unis ? Comment le Département d'État a-t-il instrumentalisé la secte ? Est-ce que Rudolf Höss a raison d'affirmer : « Sur l'organisation de leur Société, les Témoins de Jéhovah ne savaient vraiment rien. La réalité était seulement connue des dirigeants. Ils n'avaient aucune connaissance des buts politiques, ni des raisons pour lesquelles leur croyance fanatique était utilisée. Quand on le leur reprochait, ils en rigolaient mais ne comprenaient rien. Ils avaient juste à suivre l'appel de Jéhovah et à être fidèles[213]. »

---

212. Robin de Ruiter, *Die Zeugen Jehovas zwischen US-Politik, Zionismus und Freimaurerei* (Les Témoins de Jéhovah entre la politique américaine, le sionisme et la Franc-maçonnerie), *Pro Fide Catholica*, Durach, 2006, p. 10.
213. Höss, *op. cit.*, p. 77.

Dans l'historiographie de la secte, pour se dédouaner des prises de position gênantes développées dans la déclaration et la lettre, il est affirmé que la Déclaration des faits est admise à l'unanimité par les adeptes et que son contenu est une expression protestataire – ce qui est faux – à l'encontre du régime d'Hitler !

Le livre *Jehovas Zeugen in Gottes Vorhaben*, édité par la secte, mentionne à la page 130 : « Le 25 juin [1933], un congrès fut convoqué à Berlin. La Déclaration des faits, présentée aux sept mille participants, fut une protestation contre le régime hitlérien. Elle est une réponse d'ingérence dans l'œuvre de la Société, et fut acceptée unanimement. »

Erich Frost qui, pendant la période national-socialiste, fut chargé de la Société de la Tour de Garde en Allemagne, écrivait sans vergogne le 1er juillet 1961 dans *La Tour de Garde* (version allemande) : « La Déclaration des faits était une protestation véhémente contre le régime d'Hitler. »

Dans *La Tour de Garde* (version allemande) du 1er juin 1963, Conrad Franke déclare le contraire et le confirme, en 1976, dans le cadre d'un rassemblement à Bad Hersfeld : « La même année [1933], j'ai eu le privilège de participer au mémorable congrès de Berlin, où une déclaration a été acceptée à l'unanimité. Il fut ensuite décidé de l'envoyer à tous les hauts fonctionnaires du gouvernement. »

Le livre d'histoire de la secte *Zeugen Jehovas, Verkündiger des Königreiches Gottes* (Témoins de Jéhovah, annonciateurs du Royaume de Dieu) publié en 1993, page 693, ne mentionne le congrès de Berlin que de manière très brève et par des formulations générales[214] : « Quand le gouvernement national-socialiste mit un terme à l'activité des Témoins de Jéhovah, à plusieurs reprises, on [la Société] s'efforça d'avoir une entrevue avec les autorités allemandes. L'été 1933, toute activité des Témoins de Jéhovah fut interdite dans la plupart des Länder. Le 25 juin 1933, les Témoins de Jéhovah prirent part à une déclaration, au congrès qui se tenait à Berlin, dans lequel furent exposés ses objectifs. »

C'est tout ! Il n'est d'ailleurs pas étonnant qu'Hitler ne prêta attention ni à la lettre ni à la déclaration. Les années précédentes, la secte s'était forgé une mauvaise réputation à cause de ses liens avec la Franc-maçonnerie.

---

214. *Zeugen Jehovas, Verkündiger des Königreiches Gottes* (Témoins de Jéhovah, les annonciateurs du Royaume de Dieu), La Société de la Tour de Garde, 1993, p. 693.

Le 27 juin 1933, les autorités de police annoncent l'interdiction de la Société de la Tour de Garde par message radio et, les jours suivants, trente SA occupent le bureau de la secte, à Magdebourg. Le 29 juin 1933, d'après la déclaration de presse officielle, l'interdiction fut prononcée car la Société de la Tour de Garde avait effectué, sous couvert de soi-disant recherches bibliques, une campagne de dénigrement contre l'Église catholique et l'État.

e) L'intervention du Département d'État américain

Le Département d'État américain entre tout de suite en action. Le consul Geist s'entretient longuement avec le secrétaire d'État allemand Grauert. Il est assuré au consul que cette mesure ne touche ni la propriété ni le capital de la secte. Grauert laisse même entrevoir la restitution des biens confisqués et du capital de la Société de la Tour de Garde[215].

Le 12 juillet 1933, le consul général Messersmith rend compte à Washington de tous les efforts entrepris par l'ambassade américaine auprès du gouvernement allemand pour soutenir la Société de la Tour de Garde. Il confirme que les biens matériels de la secte – malgré les publications confisquées – devraient être rétrocédés sous peu[216]. Toutefois, fin juillet, le gouvernement allemand revient sur sa décision initiale et communique à l'ambassade américaine que les biens ne seront pas restitués, pour empêcher la Société de la Tour de Garde de faire de la propagande contre l'Allemagne.

Le Ministre américain des Affaires étrangères, Cordell Hull, entre alors en lisse. Il indique qu'il ne peut rien faire pour la population juive en Allemagne. C. Hull accuse le gouvernement allemand d'avoir bafoué les traités intergouvernementaux américano-allemands, applicables à la Société de la Tour de Garde[217]. Une lettre de la Société du 19 décembre 1934, adressée au ministère de l'Intérieur du Reich et du Land de Prusse, confirme que l'accord signé entre l'Allemagne et les États-Unis porte aussi sur l'organisation de Rutherford[218].

---

215. *Foreign Relations of the United States. Diplomatic Papers* (Documents diplomatiques des relations étrangères des États-Unis) 1933, t. XI : *The British Commonwealth, Europe, Near East and Africa, Washington* (Le Commonwealth britannique, Europe, le Proche-Orient et l'Afrique), 1949, p. 409.
216. *Idem.*
217. Arthur D. Morse, *Terwijl de zes millioen stierven* (Pendant que les six millions mouraient), Wageningen, 1968, p. 112.
218. Décret du Reich n° II / 38, 1925, p. 795.

Manfred Gebhard rapporte : « Après 1918, la direction de la Société de la Tour de Garde en Allemagne était inquiète de cet accord passé entre l'Allemagne et les États-Unis. Ses activités faisaient partie de la politique étrangère américaine. Même la Gestapo ne pouvait pas faire autrement que de le respecter[219]. »

D'après ses propres données, la Société de la Tour de Garde dispose en fait d'un contact permanent avec le Département d'État à Washington[220]. Une lettre envoyée au ministère de l'Intérieur du Reich le 19 décembre 1934 en fait mention : « La Société de la Tour de Garde de Brooklyn emploie un représentant fixe à Washington, en lien avec le Département d'État[221]. »

Le 28 août 1933, les Témoins de Jéhovah allemands sont confrontés à un dilemme insoluble. En raison des efforts diplomatiques du gouvernement américain, Martin C. Harbeck, chargé de mission auprès du président Rutherford et représentant de la Société de la Tour de Garde en Suisse, prie les membres allemands, dans une circulaire, de se plier aux prescriptions et mesures du gouvernement : « Avant toute chose, je désire vous demander de ne distribuer aucun écrit censuré et de ne tenir aucune assemblée ni aucun cours sans l'autorisation de la police. »

Cela signifie que le travail de prédication, tenu pour indispensable, est interrompu par la direction de la Société. À la suite de ce nouvel ordre, des divergences d'opinions apparaissent au sein de la secte : seulement la moitié des Témoins de Jéhovah restent fidèles à Brooklyn.

Le 9 septembre 1933, Cordell Hull charge son ambassadeur en Allemagne, Willima E. Dodd, d'utiliser sans attendre tous les moyens possibles afin que les biens de la secte soient restitués[222]. Quelques jours plus tard, l'ambassadeur Dodd fait part du succès de la mission.

Le 7 octobre 1933, la Société de la Tour de Garde peut reprendre possession du siège de Magdebourg. Cependant, l'activité publique reste interdite aux Étudiants de la Bible. Les publications ne sont plus imprimées et les rassemblements dans les locaux de la secte ou au domicile des adeptes sont également proscrits.

Le 9 février 1934, Rutherford adresse une lettre personnelle à Hitler demandant la levée de l'interdiction des activités, et pose en même temps un

---

219. Gebhard, *op. cit.*, p. 120.
220. *Erwachtet !* n° 21 du 8/11/64.
221. Cette lettre est imprimée *in* Gebhard, *op. cit.*, p. 122.
222. *Foreign Relations of the United States, Diplomatic Papers 1933*, t. XI, *op. cit.*, p. 412.

ultimatum : « Au cas où cette requête demeurerait sans réponse le 24 mars 1934 et, si rien n'était fait de la part de votre gouvernement pour garantir aux Témoins de Jéhovah un allègement de leur situation, le peuple de Dieu, parmi toutes les nations de la terre, fera état dans ses publications du traitement injuste de l'Allemagne à l'égard des Chrétiens[223]. »

Avec cette lettre, Rutherford quitte sa ligne d'obéissance stricte au Reich et implique, pour la circonstance, l'ensemble de la secte. Il considère les efforts de négociation en Allemagne comme un échec. À partir de ce moment, les adeptes de la Société de la Tour de Garde sont utilisés par leur propre hiérarchie pour provoquer un martyre.

Le 9 septembre 1934, lors d'un congrès international à Bâle, les Témoins de Jéhovah sont tenus de reprendre totalement leurs activités de prédication en Allemagne, et ce en dépit de l'interdiction du Reich. Rutherford rédige un message aux Étudiants de la Bible allemands. Il les invite à une désobéissance consciente aux lois et aux prescriptions du régime national-socialiste. Le 7 octobre 1934, Rutherford rédige une lettre destinée au gouvernement du Reich, portant le titre *An die Reichsregierung* (Au gouvernement du Reich), dans laquelle non seulement il proteste ouvertement contre les mesures du gouvernement national-socialiste, mais par laquelle il annonce une résistance passive. Désormais, dans chaque rassemblement de la secte, les paroles du Christ sur la persécution à attendre sont louées (*Mt* 10, 16-24). Le « juge » incite en même temps les Témoins de Jéhovah du monde entier à écrire cette déclaration à Hitler : « Cessez les persécutions contre les Témoins de Jéhovah, sans quoi Dieu vous détruira vous et votre parti. »

f) La Société dénonce ses adeptes à la Gestapo

Rutherford, qui ne peut pas ignorer les conséquences d'une telle provocation, attire de manière indirecte l'attention des autorités du Reich sur l'illégalité de son action missionnaire lancée un mois auparavant, tout en déclarant les Étudiants de la Bible martyrs pour leur foi. En raison du caractère agressif de la lettre, beaucoup de Témoins de Jéhovah ne sont pas disposés à prendre part à la démarche du 7 octobre 1934. Cette protestation engendre plusieurs scissions et la création de différents groupes parmi les Étudiants de la Bible.

À l'exception de la question du service national, le conflit avec le national-socialisme fut engendré par Rutherford. Quand les dirigeants allemands lui

---

223. Cette lettre est apportée par un messager spécial à Hitler avec une copie de l'*Erklärung der Tatsachen* (Déclaration des faits). Cole, *op. cit.*, p. 193.

demandent si, dans le cadre d'une guerre, ils peuvent émigrer en Suisse, ces derniers reçoivent la consigne de persévérer et de provoquer le régime pour créer un climat de persécution qui servira la propagande[224].

Il s'ensuit des arrestations massives. Des dirigeants de la secte livrent leurs propres membres à la Gestapo. Les dénonciations se produisent le plus souvent entre les Témoins de Jéhovah allemands eux-mêmes. Selon Josy Doyon, écrivain et ancien membre de la secte en Allemagne, les persécutions du pouvoir national-socialiste sont terribles. Cependant, le pire est la trahison au sein des Témoins de Jéhovah. Néanmoins, beaucoup d'entre eux gardent le silence malgré les coups et la torture. Les interrogatoires particulièrement violents sont souvent dus à un « frère » dénonciateur occupant un poste à haute responsabilité dans l'organisation[225].

Erich Frost, généralement présenté comme un opposant au régime national-socialiste, et qui dirige après la Seconde Guerre mondiale les activités de la Société de la Tour de Garde en Allemagne, révèle à la Gestapo les différents lieux de rendez-vous, mais aussi les noms des adeptes de la secte, avant d'être condamné le 29 octobre 1937 par un tribunal d'exception à trois ans et six mois de prison[226].

Bien que la Société de la Tour de Garde aurait dû sanctionner Erich Frost en l'excluant, la direction de Brooklyn ferme les yeux, et Frost demeura un membre éminent de la secte jusqu'à sa mort, en 1987. On lit à ce sujet dans *La Tour de Garde* (version allemande) du 15 mars 1988, page 21 : « Erich Frost est décédé le 30 octobre 1987 à l'âge de 86 ans. Ayant fidèlement servi la Société de la Tour de Garde depuis 1923, il en obtint la direction en Allemagne, en 1936. Dieu n'oubliera pas l'œuvre de ce chrétien, ainsi que son amour passionné. »

Après le recouvrement des biens de la secte, le siège de Magdebourg reste opérationnel jusqu'au 27 mai 1935, jour où prend fin l'accord entre les États-Unis et l'Allemagne. À compter de cette date, les locaux de la secte sont fermés et la Société doit poursuivre son activité dans la clandestinité. Après une série d'emprisonnements survenus en 1937 et en dépit de la survie de petits

---

224. Vidal César Manzanares, *El inferno de la Sectas* (L'enfer de la secte), Bilbao, 1989, p. 76.
225. Josy Doyon, *Herders zonder Erbarmen* (Gardiens sans pitié), 4ᵉ édit., Baarn, 1980, p. 145.
226. *Idem* ; *cf.* aussi Robin de Ruiter, *Die Zeugen Jehovas zwischen US-Politik, Zionismus und Freimaurerei, op. cit.*, p. 114.

groupes épars, son travail clandestin cessa.

La direction de la Société de la Tour de Garde, comme dans le cas de la tentative de récupération de ses biens confisqués en Allemagne, continue de collaborer avec le gouvernement américain. Pour une plus grande discrétion et afin de contourner l'interdiction sur le territoire allemand, les comptes-rendus de la secte sont envoyés à son représentant au Département d'État à Washington *via* les canaux de transmission de la diplomatie américaine[227] : Fritz Winkler, président de la Société de la Tour de Garde en Allemagne, distribue régulièrement l'ensemble des informations confidentielles au consulat américain à Berlin qui, à son tour, les fait transiter par Berne[228]. Le siège suisse se transforme en base stratégique de ses activités en Europe.

Manfred Gebhard déclare d'ailleurs que le bureau central de la Société de la Tour de Garde à Berne est utilisé par le Département d'État de Washington comme source d'informations en Europe et ne peut pour cette raison, sous aucun prétexte, être sacrifié. Il est la dernière sentinelle de la secte en Europe de l'Ouest, au service des intérêts de Washington[229].

Par conséquent, afin de maintenir ce point de contact, la direction de Brooklyn autorise les Témoins de Jéhovah suisses à effectuer leur service national, tandis qu'en Allemagne les réfractaires sont exécutés.

g) Heinrich Himmler soutient les Témoins de Jéhovah

Pendant la Guerre froide qui signifie le gel des relations entre Moscou et Washington, la doctrine Truman est appliquée. Cette politique d'endiguement repose sur une offre d'assistance militaire et financière de la part des États-Unis aux pays qui s'opposent aux pressions communistes. Elle prévoit, à cet effet, l'introduction clandestine de groupes religieux proches du pouvoir. La doctrine Truman a pour objectif de susciter le désarroi, de fabriquer une propagande anticommuniste et de maîtriser le comportement de la population dans les nations socialistes[230]. En contrepartie, les mouvements religieux doivent transmettre des informations provenant du bloc de l'Est.

Dans le cadre de la doctrine Truman, le Département d'État reprend l'esprit du projet secret mis au point par Heinrich Himmler[231]. De quoi s'agit-

---

227. Robin de Ruiter, *op. cit.*, p. 115.
228. Imberger, *op. cit.*, p. 295. *Cf.* Compte-rendu de la Gestapo n° 1035/36 du 28 août 1936.
229. Gebhard, *op. cit.*, p. 144.
230. *Ibid.*, p. 256.
231. *Ibid.*, p. 212.

il ? Le ministère de l'Intérieur et de la Police du Reich, qui comprend la Gestapo, avait programmé la gouvernance de la Russie au cas où le régime soviétique serait vaincu par le IIIe Reich. Dans cette victorieuse perspective, Himmler avait prévu d'influencer et de pacifier la population soviétique par l'implantation de la Société de la Tour de Garde[232].

En juillet 1944, dans une lettre adressée à Ernst Kaltenbrunner, un des principaux responsables de la police de l'Allemagne national-socialiste, Himmler, argumente : « De simples renseignements et observations de récente date m'ont amené à concevoir des plans que je voudrais porter à votre attention. Il s'agit des Témoins de Jéhovah. Comment allons-nous gouverner et pacifier la Russie une fois que nous aurons conquis les grandes étendues de ce territoire ? Il serait une ineptie d'exporter une forme unique du national-socialisme. Les gens doivent avoir une religion ou une conception du monde. Il serait une mauvaise initiative de soutenir l'Église orthodoxe, qui demeurera l'organisation de la communauté nationale. Et laisser entrer l'Église catholique serait aussi une erreur. Chaque religion ou secte qui pourrait travailler à la pacification doit recevoir notre soutien. Pour les peuples turcs, la doctrine bouddhiste doit retenir notre considération. Les Étudiants de la Bible seront impliqués à cette même tâche auprès des autres populations, car ils possèdent des valeurs morales qui nous sont extrêmement favorables : excepté le fait qu'ils refusent d'effectuer le service militaire et de consentir à tout effort de guerre, ils s'expriment de manière très acerbe contre les Juifs, ainsi que contre l'Église catholique et le Pape. De plus, ils sont très austères, ils ne boivent ni ne fument, ils sont travailleurs, sincères et honnêtes. L'Étudiant de la Bible est convaincu et idéaliste, précisément comme les mennonites qui présentent, de la même manière, des traits de comportement exceptionnels[233]. Nous disposons ainsi de missionnaires avec lesquels nous pouvons pacifier le peuple russe par la propagation de la doctrine des Étudiants de la Tour de Garde. »

Dans ce but, fin 1942, soit pratiquement deux ans avant le courrier destiné à Ernst Kaltenbrunner, Himmler transmettait l'instruction de traiter avec maints égards les Témoins de Jéhovah dans les camps de concentration[234].

---

232. Robin de Ruiter, ¡Precaución! : Testigos de Jehová, op. cit., p. 249.
233. Dans les camps de concentration, les Témoins de Jéhovah ont la réputation d'être fiables, corrects et dignes de confiance. Ils obtiennent pour cette raison des postes de kapos et de contremaîtres (Robin de Ruiter, op. cit., p. 116).
234. Il est rappelé qu'à partir du déclenchement de la Seconde Guerre mondiale seuls les objecteurs de conscience étaient condamnés à la peine capitale. À compter du 22 avril

À Auschwitz et Ravensbrück, les adeptes de la secte reçoivent des papiers d'identité leur octroyant un élargissement des droits de sorties, y compris pendant les heures de travail. Et, les Témoins de Jéhovah qui sont employés comme prisonniers de guerre dans des fermes ou des entreprises agricoles, jouissent d'une grande marge d'autonomie. Certains d'entre eux sont même relâchés. C'est le cas de la mère d'un colonel de la Luftwaffe (armée de l'air allemande) qui, refusant d'abjurer sa foi dans la Société de la Tour de Garde, est quand même libérée par Himmler[235].

Berlin ordonne ensuite de répartir les Témoins de Jéhovah parmi les autres détenus. Cette nouvelle procédure permet aux adeptes de la Société de la Tour de Garde d'être davantage au contact des prisonniers, dont les Russes. Des milliers de détenus soviétiques sont ainsi imprégnés de la doctrine de la secte.

En raison des plans d'Himmler, l'administration des camps ferment les yeux quand les Étudiants de la Bible entreprennent de convertir les Russes. La Société de la Tour de Garde confirme cette réalité, tout en se gardant de fournir une interprétation profonde et pertinente des faits.

La Tour de Garde (version néerlandaise) du 1er novembre 1945, à la page 204, reconnaît que les Témoins de Jéhovah pouvaient prêcher dans les camps : « En 1943, dans le camp de concentration de Neuengamme, à côté de Hambourg, des groupes [de Témoins de Jéhovah] ont mené une campagne de témoignages de leur foi. Dans un autre camp, 227 jeunes Russes adoptèrent la vérité. » La même parution, à la page 205, retranscrit : « Le plus curieux était la nouvelle d'un « frère » polonais qui, peu auparavant, fut libéré de Buchenwald. Il instruisait sur les parutions de la Tour de Garde qui, malgré un contrôle sérieux, étaient exposées dans le camp. »

1937, les Témoins de Jéhovah emprisonnés pour prosélytisme, activisme illégal, refus de participer à des élections, de saluer le drapeau, étaient internés après leur peine dans des camps de concentration. Les adeptes pouvaient par conséquent signer la déclaration de refus de leur foi et être libérés. Mais le quatrième point du texte détaillé précédemment, stipule que le Témoin de Jéhovah qui a adjuré sa foi peut être appelé à défendre l'arme à la main sa patrie. Dans le cas d'un refus, il était considéré comme objecteur de conscience et était passible de la peine capitale. En revanche, s'il acceptait, il pouvait être mobilisé et partir au front où la grande majorité des jeunes Allemands combattaient et mouraient pour le Reich. Par conséquent, les Témoins de Jéhovah préfèrent ne pas adjurer leur foi et rester dans les camps de concentration, avec les égards d'Himmler.

235. John Toland, *Adolf Hitler*, Utrecht, 1978, p. 835.

La Tour de Garde (version néerlandaise) du 15 septembre 1961, écrit à la page 571 : « Il est étonnant d'observer que, à partir de 1943, dans plusieurs camps de concentration, des études de livres et des lectures furent tenues. Le message de la Société de la Tour de Garde fut communiqué à d'autres prisonniers. Dans le camp de Ravensbrück, trois cents jeunes femmes russes devinrent Témoins de Jéhovah. »

Ainsi, après leur libération, les Russes propagèrent le message de la Société de la Tour de Garde en Union soviétique. *La Tour de Garde* (version allemande) du 15 juillet 1991 observe un fort développement des idées de la secte sur le territoire soviétique. En 1957, 40 % des fidèles avaient connu les camps de concentration. En Sibérie, des villages entiers et des petites villes furent aussi gagnés par les enseignements de la secte[236].

---

236. Rolf Nobel, *Falschspieler Gottes. Die Wahrheit über die Zeugen Jehovas* (Les tricheurs de Dieu. La vérité sur les Témoins de Jéhovah), Hambourg, 1985, 122.

Chapitre 6

Une vraie secte politique

Pour appréhender l'important rôle des Témoins de Jéhovah contre le communisme et dans le cadre de la doctrine Truman, pendant et après la guerre – tantôt pour l'Allemagne national-socialiste, tantôt pour les États-Unis –, il est primordial de constater la rapidité avec laquelle la secte se reconstitue dès 1945.

En Allemagne de l'Ouest, juste après le conflit, celle-ci se réorganise avec le soutien de son fidèle allié, le Département d'État américain. Ainsi, l'organisation change-t-elle de camp et réapparaît-elle sur le devant de la scène. Le Département d'État collabore activement à cet effort avec l'administration militaire américaine. Non seulement les autorités américaines mettent une imprimerie à la disposition des Témoins de Jéhovah, mais elles les dotent aussi de bureaux[237].

a) Anticommuniste et pro-américanisme

L'accès aux stations de radio est facilité à la Société de la Tour de Garde pour que ses messages soient diffusés le plus efficacement possible. Grâce aux services de renseignements de l'armée américaine situés à Francfort et à Wiesbaden, les Témoins de Jéhovah obtiennent l'autorisation d'acheminer leur correspondance vers Brooklyn, par le biais de la poste militaire. De plus, la secte peut utiliser les câbles de connections des autorités militaires[238].

---

237. *Jahrbuch 1947 der Zeugen Jehovas* (*Annales* de 1947 des Témoins de Jéhovah), Berne, La Société de la Tour de Garde, p. 112.
238. *La Tour de Garde* (version allemande) du 15/2/1948.

Erich Frost, que l'on présente après la guerre comme un parangon de vertu et de foi face aux nazis, travaille, en tant que responsable de la Société de la Tour de Garde en Allemagne, en relation avec le gouvernement américain[239]. Dans une lettre du 24 décembre 1947, Erich Frost rapporte à un « frère » de la zone d'occupation soviétique en Allemagne que le président de la Société de la Tour de Garde, Nathan Knorr, attend des informations régulières sur la politique, les grèves, les élections, les manifestations et les forces aériennes[240].

En 1947, la Société de la Tour de Garde trahit pour la énième fois sa position de neutralité. Pendant plusieurs années, les publications de la secte provoquent les communistes. Entre la fin de la guerre et le début des années 1960, quasiment toutes les parutions d'*Erwachtet !* attaquent le communisme.

Le 31 août 1950, Steinhoff, le ministre de l'Intérieur de l'Allemagne de l'Est, affirme : « Ces dix dernières années, l'activité des Témoins de Jéhovah a clairement montré que ce nom attaché à une communauté religieuse poursuit des objectifs anticonstitutionnels. Sur le territoire de la République démocratique allemande et dans le Grand Berlin, ils ont mené une chasse systématique contre l'ordre démocratique et ses lois. »

Le *Daily Star* de Toronto publie le 2 juillet 1960 : « Moscou considère l'activité des Témoins de Jéhovah comme le mélange d'une œuvre diabolique et d'une tentative de coup d'État fomentée par Allen Dulles (directeur de la CIA). Qui sont les Témoins de Jéhovah ? C'est la question de la *Pravda* qui réplique : *Le premier jour de son existence, la secte des Témoins de Jéhovah entra au service des cercles réactionnaires du capitalisme nord-américain. Les riches propriétaires ouvrirent à la nouvelle secte l'accès aux colonies pour implanter l'esprit de l'asservissement, et pour porter les Témoins de Jéhovah en opposition au mouvement des jeunes socialistes en Europe.* »

Le 21 mars 1959, sous le titre *Une nuée de Témoins*, le *Washington Post* évoque : « Il semble que les Témoins de Jéhovah aient trouvé des fidèles dans toute l'Union soviétique, même dans les contrées éloignées de Sibérie et dans les régions du sud de la Russie. Ils forment à présent un excellent mouvement clandestin exerçant une résistance au gouvernement. Les rédacteurs de la *Pravda* croient que la totalité du mouvement est soutenue par les éléments les plus réactionnaires du capitalisme américain et projette de contaminer la masse des citoyens américains avec un esprit de résignation par lequel le triomphe mondial de la révolution prolétarienne serait déjoué et arrêté. Les

---

239. Gebhard, *op. cit.*, p. 149.
240. *Ibid.*, p. 226.

organisateurs du mouvement sont considérés comme d'anciens criminels de guerre, des fascistes et des indicateurs de la Gestapo éduqués dans les camps de concentration allemands. L'affirmation, selon laquelle ils ont été formés dans les camps, est tout à fait fondée. »

Les campagnes anticommunistes ne se limitent pas au bloc de l'Est, mais s'étendent au monde entier. Elles se déroulent aussi au Brésil, au Vietnam et au Chili[241]. Concernant le coup d'État opéré dans ce pays d'Amérique latine, en septembre 1971, les *Annales* de la Société de la Tour de Garde de 1982 donnent l'impression que Pinochet vint au pouvoir par la grâce de Dieu pour sauver la secte du péril socialiste. Après la prise de pouvoir par les militaires, beaucoup de Témoins de Jéhovah furent promus à d'importantes fonctions. Dans le secteur industriel, en raison de l'emprisonnement des activistes communistes, de nombreux postes demeurent vacants, et le pouvoir de Pinochet affiche une pleine confiance dans les Témoins de Jéhovah chiliens[242].

L'objectif religieux et politique de la secte nécessite que de nombreux Témoins de Jéhovah soient actifs dans les pays socialistes et en Allemagne de l'Est, et ce en dépit des conditions éprouvantes causées par une situation d'illégalité. Malgré tout, la Société de la Tour de Garde ne tente pas de faire passer à l'Ouest les collaborateurs en réel danger, tombés entre les mains de la Stasi, le service de police politique, de renseignements et d'espionnage de l'ancienne Allemagne de l'Est.

Les fidèles de la Société de la Tour de Garde obéissent aux préceptes théocratiques de la secte : ils n'hésitent pas à se sacrifier. En pratique, cette sincérité et cette abnégation ne concernent à l'évidence que les « simples » adeptes, et non les dirigeants, comme l'atteste le cas d'Erich Frost durant la Seconde Guerre mondiale. Seuls les collaborateurs, qui occupent des positions clés dans l'organisation clandestine en Allemagne de l'Est, sont soutenus dans leur fuite à Berlin-ouest ou en Allemagne de l'Ouest. Les bureaux de la Société de la Tour de Garde situés à Wiesbaden et à Berlin-ouest peuvent délivrer - en raison d'un accord passé avec le Service de protection de la constitution (placé sous le ministère fédéral de l'Intérieur) - des certificats à leurs membres éminents qui leur permettent de quitter le territoire est-allemand. Considérés comme des réfugiés politiques, ils peuvent jouir de tous les avantages matériels que la République fédérale allemande met à leur disposition. Cette facilité prouve une fois de plus que l'argument de la neutralité politique de la

---

241. *Réveillez-vous !* (version allemande) du 22/3/1953 et du 22/9/1965.
242. *La Tour de Garde* (version allemande) du 15/3/1977, p. 175.

secte est bien un mensonge et une théorie à géométrie variable[243].

b) Révoltes sanglantes en Afrique

Dans les années 1920 et 1930, la Société de la Tour de Garde abandonne son statut de neutralité dans plusieurs pays d'Afrique. Il semble que l'organisation ait joué un rôle important dans les affaires de l'ancienne Rhodésie (Zimbabwe), en Zambie et au Malawi.

Le chercheur Sholto Cross soutient que les prédicateurs de la Société de la Tour de Garde provoquent l'effondrement des autorités coloniales[244]. En 1923, sous la conduite d'un guide du Mouvement de la Tour de Garde, 174 personnes sont assassinées en Rhodésie et au Zaïre[245].

Dans le livre *Historia General del Socialismo 1918 a 1945*, l'historien Jacques Droz relève : « Les expropriations d'Africains se produisent au Zimbabwe et, plus rarement, au Malawi. Une classe moyenne africaine peut alors se constituer facilement. Cependant, les protestations organisées par des sectes comme le Mouvement de la Tour de Garde, prennent une ampleur nationale[246]. »

Les Témoins de Jéhovah sont accusés d'avoir fomenté des émeutes d'envergure dans la « ceinture de cuivre », en Rhodésie-du-Nord, en 1935 ainsi que les premières grèves, en Zambie, durant la même période[247].

Dans son rapport *Die Zeugen Jehovas in Zentral-Afrika* (Les Témoins de Jéhovah en Afrique centrale), l'écrivain et historien Tony Hodges explique que le Mouvement de la Tour de Garde provoque la rébellion de Luba, au Congo belge (Zaïre)[248]. Le même document affirme que les problèmes de 1923

---

243. Gebhard, *op. cit.*, p. 149.

244. Sholto Cross, *The Watchtower Movement in South Central Africa 1908-1945* (Le Mouvement de la Tour de Garde dans le sud et le centre de l'Afrique de 1908 à 1945), Oxford, 1973.

245. Rolent Rothberg, *The Making of Malawi and Zambia 1873-1964* (La création du Malawi et de la Zambie), Londres, 1966, pp. 142-146.

246. Jacques Droz, *Historia General del Socialismo : 1918 a 1945*, Barcelone, 1982, p. 619.

247. Tony Hodges, *Jehovah's Witnesses in Central Africa* (Les Témoins de Jéhovah en Afrique central), Minority Rights Group, 1976, pp. 1-4.

248. Au début des années 1960, la répression du mouvement d'indépendance du Katanga a pour objectif, entre autres, la liquidation du Président Moïse Tshombe. Elle doit permettre au Trust américain United States Steel de mettre hors de combat ses concurrents de l'Union minière du Haut Katanga ; *cf.* P. Hoffstetter, *Défense de l'Occident*, Paris, 1963, p. 45.

intervenus à Wankie[249] (Rhodésie) sont l'œuvre du Mouvement de la Tour de Garde. Le livre d'histoire de la Société de Brooklyn intitulé *Jehovas Zeugen : Verkündiger des Königreiches Gottes* de 1993 (Témoins de Jéhovah : les annonciateurs du Royaume de Dieu), page 434, avance que le Mouvement de la Tour de Garde en Afrique n'avait aucun lien avec les Témoins de Jéhovah. Pourtant, les *Annales* de 1977 de l'organisation supposent que mille cinq cents sympathisants auraient été également des membres de la Société[250]. Et, au domicile de ces adeptes ont été trouvées des publications des Témoins de Jéhovah expédiées par la poste[251].

c) Lettres aux chefs d'État

Dans un entretien consacré à Hiley Hard, journaliste américaine spécialiste des sujets religieux, Milton G. Henschel, futur président de la secte de 1992 à 2000, prétend que la Société – contrairement à d'autres religions – ne se compromet pas avec les gouvernements. Par conséquent, il n'est pas non plus dans les principes de la secte de faire signer des pétitions et de s'opposer à une quelconque mesure officielle[252].

Contrairement à ces assertions, la Société de la Tour de Garde a bien rédigé, dans les années 1950, des pétitions et des récriminations contre les gouvernements. Ainsi, des courriers protestataires sont adressés à Nikolaï A. Boulganine, Premier ministre soviétique de 1955 à 1958, et au généralissime Rafael L. Trujillo Molina, dictateur de la République dominicaine de 1930 à 1961[253].

À Brooklyn, dans les années 1960, la direction de la secte incite ses fidèles à écrire aux responsables politiques et administratifs les plus importants. Sous prétexte de vouloir soutenir leurs « frères » oppressés, plusieurs milliers de lettres sont expédiées du monde entier à des représentants gouvernementaux.

---

249. Cette ville de l'ouest du Zimbabwe (ancienne Rhodésie du Sud) prend le nom de Hwange en 1982. Dans ce centre de l'industrie minière, la mine de charbon de Hwange est la plus grande du Zimbabwe, avec des réserves « éternelles » pour plus de mille ans.
250. *Jehovas Zeugen, Verkündiger des Königreiches Gottes* (Témoins de Jéhovah, les annonciateurs du Royaume de Dieu), La Société de la Tour de Garde, 1993, p. 482.
251. *Jehovas Zeugen, op. cit.*, p. 483.
252. William Cetnar, *Questions for Jehovah's Witnesses* (Questions à des Témoins de Jéhovah), Kunkletown, 1983, p. 31.
253. *La Tour de Garde* (version allemande) du 15/4/1957 et *La Tour de Garde* (version espagnole) du 1/6/1963.

Un courrier de l'ambassade du Portugal du 16 juin 1964, adressé à Anton Koeber[254], alors représentant de la Société de la Tour de Garde au Département d'État à Washington, démasque les objectifs réels des campagnes de correspondances de la secte. Le document révèle un aperçu des activités des Témoins de Jéhovah au Portugal. L'ambassade du Portugal aux États-Unis attire l'attention sur le fait que la Constitution lusitanienne garantit une véritable liberté religieuse et que les membres de la secte ne font l'objet d'aucunes représailles de la part de l'État. Cependant, l'ambassadeur reconnaît être obligé de limiter les activités de la secte qui s'oppose à la législation du pays et aux droits des personnes. Le diplomate présente une longue liste d'accusations faisant grief à la Société de la Tour de Garde de distribuer du matériel de propagande par la force [le pied dans la porte], d'inciter au mépris du drapeau national et à l'objection de conscience. L'ambassadeur poursuit que les dogmes de la Société de la Tour de Garde qui ne relèvent pas du christianisme, mènent surtout à des actions factieuses contre la sécurité intérieure et la législation nationale.

La lettre mentionne aussi : « Au sujet de leurs activités de propagande dans différents quartiers résidentiels de Lisbonne et dans d'autres villes, les Témoins de Jéhovah ont perpétré des violations de domicile et sont entrés dans les maisons pour imposer leurs publications en insultant et menaçant même les habitants apeurés. Il s'agit d'une transgression du droit des citoyens portugais. »

La lettre constate enfin que la campagne de haine menée par les Témoins de Jéhovah au Portugal, par le biais de courriers dont le contenu était souvent insultant (non reproduits par souci de convenance), est en parfaite contradiction avec les principes de la morale chrétienne[255].

d) Les relations avec l'Organisation des Nations Unies (ONU)

La Société de la Tour de Garde décrit la Société des Nations ainsi que l'Organisation des Nations Unies, respectivement fondées en 1919 et 1945, comme « l'empire de la fausse religion ». Elle avance que le but de l'ONU est l'accomplissement de la bête de l'Apocalypse. Dans le périodique des Témoins de Jéhovah *Réveillez-vous !* (version allemande) d'octobre 1985, il est précisé : « Par tous les plans politiques imaginables, y compris celui des

---

254. Représentant des Témoins de Jéhovah, en 1952, Anton Koerber offre une nouvelle Cadillac au président de la secte, Nathan Knorr ; *cf.* Cetnar, *op. cit.*, p. 66.
255. La lettre de l'ambassade du Portugal à Washington du 16/6/1964 est reproduite dans *Réveillez-vous !* (version allemande) du 8/11/1964, pp. 13-14.

Nations Unies, Satan, le plus grand menteur, dévie l'attention des populations du droit chemin... » ; ou encore, dans *La Tour de Garde* : « Oui, les Nations Unies deviennent vraiment une idole, une chose effroyable aux yeux de Dieu et de son peuple. »

Le *Rheinpfalz* du 12 décembre 2001 montre bien que les pratiques de la Société sont une fois de plus en contradiction avec ses enseignements. En effet, le quotidien allemand fait remarquer que la secte, sur sa propre demande, à partir de 1992, est en tant qu'Organisation non-gouvernementale (ONG) associée à l'ONU. Des témoins oculaires rapportent que le président de la Société, Milton G. Henschel, parcourt le monde avec un passeport de diplomate[256].

Ce lien fut connu quand, en août 2001, l'ONU publia une liste d'ONG affiliées à sa ligne politique : à côté d'organisations de renom comme Amnesty International ou Human Rights Watch, figurait la Société de la Tour de Garde sous l'appellation de Watchtower Bible and Tract Society. Ce fait inattendu fut révélé dans les colonnes du journal anglais *The Guardian* : les Nations Unies et le siège de la Tour de Garde à Brooklyn durent faire face à des milliers d'appels téléphoniques de Témoins de Jéhovah désemparés qui, d'après le *Rheinpfalz*, désiraient obtenir des éclaircissements. Depuis le 9 octobre 2001, la Société de la Tour de Garde ne figure plus sur la liste interne des Nations Unies. La Société de la Tour de Garde, enregistrée comme ONG, tentait d'obtenir la reconnaissance des gouvernements les plus sceptiques comme la France[257].

Pour être reconnue par l'ONU, une ONG doit correspondre aux exigences de sa charte, en élaborant des programmes d'information sur les actions des Nations Unies. Cependant, la secte continue à enseigner à ses adeptes de se tenir à l'écart du monde politique et décrit l'ONU comme « démoniaque ».

---

256. Robin de Ruiter, *Die Zeugen Jehovas zwischen US-Politik, Zionismus und Freimaurerei*, *op. cit.*, p. 123.
257. Robin de Ruiter, *op. cit.*, p. 123, *in* Informationsdienst ehemaliger Zeugen Jehovas in Deutschland, *op. cit.*

Chapitre 7

La Société de la Tour de Garde et l'univers des sectes

Depuis le XIXe siècle, le monde politique soutient des sectes et contribue à la fondation de certaines d'entre elles. Toutes les investigations ramènent aux clans Rothschild et Rockefeller : ces familles disposent de capitaux colossaux et travaillent en sous-main à l'émergence de groupes antichrétiens.

a) De la secte Moon à la Scientologie

En 1970, les Rockefeller élaborent un plan pour endiguer, en Amérique latine, le développement de l'Église catholique par des « églises » de type Hare Krishna et Moon[258]. Des sommes gigantesques alimentent les comptes de la secte Hare-Krishna *made in USA*, notamment par le truchement de la Chase Manhattan Bank, rattachée à la famille Rockefeller. Sun Myung Moon, fondateur coréen de l'église de l'Unification ou secte Moon, décédé le 3 septembre 2012, tira profit de cette manne financière. La Chase Manhattan fut aussi fort généreuse envers les mormons !

À l'abri des regards, les sectes entretiennent des relations très étroites. Leurs avocats collaborent et s'informent mutuellement des litiges impliquant ces officines antichrétiennes[259]. L'hebdomadaire *Le Point* décrit des rencontres entre des représentants de sectes se déroulant, au début des années 1990, en France et dans d'autres pays, et ayant pour objectif la fondation d'une structure offensive et commune[260].

---

258. Pepe Rodrigues, *El Poder de las sectas* (Le pouvoir des sectes), Barcelone, 1989, p. 173.
259. Informations fournies par le site des anciens Témoins de Jéhovah en Allemagne : infolink.net.de
260. *Le Point* du 27/2/1993, p. 214.

En octobre 1992, ces contacts aboutissent à la fondation d'un organe portant le nom de FIREPHIM : la Fédération Internationale des Religions et Philosophies Minoritaires. Danièle Gounord, de l'église de Scientologie, en est la présidente ; Bernard Mitjaville, secrétaire-général de la secte Moon pour la France, en est le trésorier ; Jacques Aizac, de la secte des raéliens, en est le secrétaire-général. L'église de Scientologie, l'église de l'Unification ou secte Moon, les raéliens (secte ufologiste avec un culte sexuel), les druides celtiques, les satanistes, la Méditation transcendantale, les rites Memphis et Misraïm de la Franc-maçonnerie, Wicca Occidental, Baha'i[261] et les Témoins de Jéhovah, participent à ce cartel[262].

Le Centro Studi sulle Nuove Religioni (Centre d'études pour les nouvelles religions ou CESNUR), dont le siège est à Turin, est une autre organisation censée défendre les minorités religieuses et ethniques. En réalité, le CESNUR représente les intérêts communs de nombreuses sectes, dont les Témoins de Jéhovah. La treizième conférence internationale du CESNUR s'est déroulée du 2 au 4 juin 1999, en Pennsylvanie. Le thème en était : « Les minorités religieuses et spirituelles au XXe siècle : mondialisation et régionalisation ». Parmi les participants se trouvaient Philip Brumley de Patterson, de New York, avocat de la Société de la Tour de Garde. Galina Krylova, avocate de la Société de la Tour de Garde à Moscou, était également présente et informait sur les procès des Témoins de Jéhovah en Russie[263].

Considérée comme une des nombreuses sectes américaines qui usurpe le manteau de la religion pour couvrir des intérêts commerciaux, la Société de la Tour de Garde rencontre néanmoins des difficultés pour s'implanter en Russie. D'après le *Berliner Zeitung* du 11 novembre 1999, Galina Krylova ne travaille pas seulement pour les Témoins de Jéhovah, mais plaide pour le compte de plusieurs sectes. En 1995, elle défend la cause des sectes Moon et Hare-Krishna et du Japonais Aum Shinrikyo, menacé d'interdiction. Ses

---

261. Les Baha'i ont pour objectif de discréditer les croyances traditionnelles, afin que les populations s'unissent autour de la même religion : une croyance mondiale pour une dictature mondiale organisée autour d'une gouvernance mondiale. Derrière un discours hypocrite fondé sur l'amour entre les hommes et les peuples, il s'agit d'adorer le Grand Architecte, nom que les Francs-maçons donnent à leur véritable dieu !

262. *Report of the Wellspring Retreat and Source for Post-Cult Rehabilitation in Wellspring Messenger*, (Rapport de la maison de repos Wellspring Retreat and Resource Center pour la réadaptation des victimes de sectes) dans la publication Wellspring Messenger, juillet-août 1994 ; et également Robin de Ruiter, *op. cit.*, p. 156, *in* Informationsdienst ehemaliger Zeugen Jehovas in Deutschland, *op. cit.*, janvier 2000.

263. Informationsdienst ehemaliger Zeugen Jehovas in Deutschland, *op. cit.,* janvier 2000.

adeptes sont connus pour avoir commis, le 20 mars 1995, un attentat au gaz sarin dans cinq rames bondées du métro de Tokyo. Le bilan fut de douze morts et de cinq mille blessés.

Berliner Zeitung ajoute : « Maintenant conseillère juridique, l'avocate moscovite Galina Krylova ne se présente pas uniquement comme la porte-parole des sectes internationales en Russie, elle siège aussi au conseil d'administration des Citizens Commission on Human Rights (Commission des citoyens pour les droits de l'Homme, CCHR) aux États-Unis, filiale de la Scientologie dont l'objectif est de lutter contre les violations des droits de l'homme en psychiatrie. » Le CCHR obéit à la doctrine de la Scientologie affirmant que les psychiatres sont la première cause du mal dans la société.

Les observatoires des sectes mettent en garde contre une possible influence de la Scientologie sur la politique russe. D'après Alexander Dvorkin, chargé d'Affaires de l'Église orthodoxe russe à Moscou, Krylova est utilisée comme cheval de Troie de la Scientologie[264].

La Société de la Tour de Garde est proche d'autres sectes particulièrement nocives, comme Children of God (Les enfants de Dieu), les Black Muslims, MSIA ou bien Ramhta, dont les avocats interviennent lors de réunions sur les « minorités religieuses »[265].

b) Le monde des affaires

L'association Informationsdienst ehemaliger Zeugen Jehovas in Deutschland (Service d'information des anciens Témoins de Jéhovah en Allemagne), regroupant d'anciens adeptes, dévoile un rapport du congrès de la secte Moon en Autriche. Un nouvel aspect y fut découvert : le premier intervenant qui prit la parole était un Témoin de Jéhovah. Il s'agissait du Dr Reinhard Kohlhofer, avocat, qui œuvre à une procédure de reconnaissance en tant que religion de la Société. Le Dr Kohlhofer se présenta comme juriste spécialisé du droit des religions. Selon lui, la Scientologie, les mormons et les moonie's doivent être également considérées comme des religions à part entière. Il parla d'un succès juridique partiel et cloua au pilori le monopole de la religion chrétienne. L'avocat adressa de vives invectives sur la campagne de sensibilisation antisectes du ministère fédéral et à l'encontre du Dr Martin Bartenstein, ministre de l'Économie et du Travail, adhérant de

---

264. *Ibid.*, p. 157, *in* Informationsdienst ehemaliger Zeugen Jehovas in Deutschland de février 2000.
265. *Idem.*

l'ÖVP, Parti conservateur autrichien, d'orientation chrétien-démocrate. Étonnamment, à aucun moment il n'utilisa la Bible ou des réflexions de la Société de la Tour de Garde, mais conclut son discours par une citation de Jean-Paul II : « Le droit de la liberté religieuse ou le droit de sa propre conscience sur la recherche de la vérité représente le fondement de toutes les libertés[266]. »

Le 29 juillet 1998, à Washington, se tint un rassemblement des sectes américaines. Aux côtés du Dr Massimo Introvigne du CESNUR de Turin, étaient conviés Wilhelm Bluemel et Philip Brumley, représentant respectivement la Scientologie et la Société de la Tour de Garde. Le contenu de leur intervention se résuma à une plainte sur les nouvelles tendances « religieuses » en Europe, particulièrement en France et en Allemagne, et sur la discrimination à l'égard des « minorités religieuses »[267].

Ce n'est probablement pas un hasard si, en France et en Russie, les Témoins de Jéhovah se heurteraient encore à des résistances dans des pays traditionnellement méfiants à l'égard de la culture américaine. Les sectes américaines présentent le profil d'institutions qui servent à miner les structures internes des nations, dans le but de détruire toute cohésion sociale. Dans ce schéma, nous assistons à une conjugaison des idéologies sectaires avec celui des affaires.

S'il est enseigné aux Témoins de Jéhovah qu'en tant que « vrais Chrétiens », ils doivent se tenir à l'écart des affaires de ce monde, la Société de la Tour de Garde emprunte, elle, un chemin opposé. Ses dirigeants rencontrent les représentants d'autres sectes, tout en cherchant la reconnaissance du même sérail politique et diplomatique. Un collaborateur officiant au siège de la Société de la Tour de Garde rapporte qu'en 1997 l'organisation a été sélectionnée parmi vingt agences gouvernementales américaines pour traiter de la « conscience écologique ». À cette occasion, la Chinese National Protection Agency avait convenu avec le gouvernement américain de visites d'entreprises aux États-Unis, afin de tenter de résoudre les problèmes environnementaux de la Chine. Le gouvernement américain mandata dans ce pays une délégation d'entreprises, parmi lesquelles se trouvait une maison d'édition religieuse du nom de La Société de la Tour de Garde : une aubaine pour une secte « chrétienne » et proche du pouvoir qui, par ce moyen, pourrait s'implanter dans l'Empire du Milieu ! Des témoins oculaires rapportèrent que

---

266. *Idem.*
267. Robin de Ruiter, *Die Zeugen Jehovas zwischen US-Politik, Zionismus und Freimaurerei*, *op. cit.*, p. 158, *in* Informationsdienst ehemaliger Zeugen Jehovas in Deutschland, *op. cit.*

le président de cette maison d'édition voyageait avec un passeport diplomatique[268].

---

268. *Ibid.*, p. 159. [Nous avons mentionné précédemment que le président de la secte,
Milton G. Henschel, voyageait aussi avec un passeport de diplomate.]

Chapitre 8

Satanisme á Brooklyn

La Société de la Tour de Garde persuade ses fidèles qu'elle est la seule organisation à ne pas être sous l'« influence de Satan ». Les Témoins de Jéhovah
vivent sans cesse dans cette peur. Ainsi, tous les problèmes rencontrés sont-
ils attribués au prince des Ténèbres. La direction recourt au récit de
l'*Apocalypse* pour maintenir ses adeptes dans cette « crainte infernale ».
Cette méthode sert de manière habituelle aux sectes, car la peur constitue un
facteur déterminant pour ankyloser les esprits et les soustraire à la critique.

La direction de Brooklyn attise les phobies allant jusqu'à l'obsession.
Les adhérents redoutent constamment de tomber dans un des nombreux
pièges de Satan, et prennent garde de ne pas lui être soumis. Ils se tiennent à
l'écart de toute publication représentant ne serait-ce qu'une image ou un
symbole démoniaque. Les Témoins de Jéhovah sont victimes, à leur insu,
d'une manipulation mentale savamment instiguée par les gourous, leur faisant perdre tout sens du réel. Cette pratique peut conduire à l'évidence à la
schizophrénie et au suicide.

a) Le diable et les messages subliminaux

Les messages subliminaux échappent par essence au contrôle, à l'analyse,
à l'évaluation éthique et à la morale de chacun. Les affiches publicitaires, les
insertions dans les journaux et les spots télévisés regorgent d'informations
sous jacentes. Ce conditionnement peut être ensuite activé par un signal : une
couleur, une image, un slogan, un son ou une forme. Ces techniques sont encore plus efficaces quand elles sont liées à une idéologie ou à une secte.

Les brochures et les livres de propagande des Témoins de Jéhovah sont
apparemment consacrés à des sujets religieux. Mais, une analyse fouillée de
leurs publications montre une autre face.

Les dirigeants des Témoins de Jéhovah maîtrisent bien entendu les techniques publicitaires modernes. Ils dissimulent constamment dans leurs écrits des messages subliminaux. Leurs publications servent en vérité des objectifs occultes.

En 1991, le n° 5 du périodique mexicain *Testigos de Jesuscristo* (Les Témoins de Jésus-Christ) accuse les Témoins de Jéhovah d'introduire dans leurs publications des messages subliminaux qui s'adressent aux femmes. Certaines illustrations présentent une mère de famille acceptant l'enseignement des Témoins de Jéhovah. Heureuse, avec un mari dévoué, elle se tient sous la bienveillance de Dieu. L'élite dirigeante de Brooklyn pense qu'il est plus aisé de garder la main sur toute une famille quand l'épouse partage les convictions de la secte.

Avant d'analyser plus en profondeur les liens entre le satanisme et l'organisation, il faut savoir que, dans les années 1980, la rumeur courait, parmi les Témoins de Jéhovah, que les publications de la secte cachaient des images subliminales démoniaques.

Ainsi, *La Tour de Garde* (version allemande) du 15 novembre 1985 jugea nécessaire de publier un démenti : « Les publications de la Société de la Tour de Garde ont été sujettes à des rumeurs. Un des dessinateurs aurait secrètement inséré des images du démon dans les illustrations jusqu'à ce que la communauté le découvre et se soit défait de lui. As-tu répété une de ces histoires ? Si c'est le cas, tu as peut-être, inconsciemment, propagé une erreur qui était dénuée de tout fondement. Il s'agit d'une calomnie contre des chrétiens appliqués, qui passent beaucoup d'heures à produire les journaux, les brochures et les livres. (…) Un tel bruit peut avoir des suites tragiques. Celui qui le répand alimente un mensonge que Dieu tient en horreur. Au-delà de la calomnie, cela peut avoir des incidences sur la réputation de la communauté. Nous devons bien examiner s'il s'agit d'une réalité ou de bruits que nous avons nous-mêmes entendus et que nous colporterions. »

Ces bruits ne sont pas infondés. Depuis les débuts de la secte, des milliers d'illustrations cachent des symboles sataniques et des visages effroyables, levant le voile sur le véritable pouvoir qui se cache derrière les Témoins de Jéhovah.

Illustrations du démon

Les occultistes représentent le visage du démon sous des traits hideux

1. *The Magus*, p. 41, Northamptonshire, 1989.

Francis Barrett, *The Magus*, Northamptonshire, 1989, p. 41

Étudiant en chimie, en magie et en philosophie occulte, Francis Barrett est surtout connu pour ses traductions de traités cabalistiques. Publiée à Londres, en 1801, son œuvre majeure, *The Magus*, fut remarquée par le célèbre occultiste Éliphas Lévi.

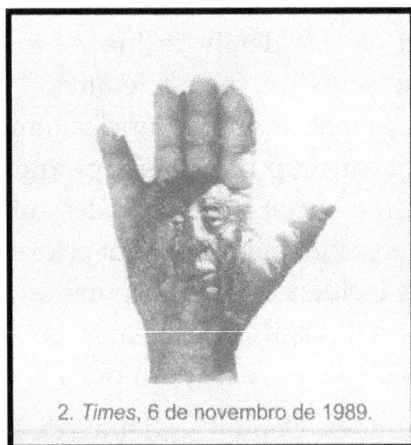

2. *Times*, 6 de novembro de 1989.

Times du 6/11/1989

Par un procédé subliminal, la littérature sataniste insère le visage du démon dans ses représentations dessinées. Il peut être caché dans un visage, une chevelure ou encore une fontaine. Le célèbre hebdomadaire londonien *Times* du 6 novembre 1989 (page 88) s'est servi aussi de ces techniques, à l'insu de ses lecteurs.

La Société de la Tour de Garde utilise ce même procédé. Ainsi, Satan apparaît sous des traits différents dans *La Tour de Garde*, dans *Réveillez-vous !* et autres publications de la secte.

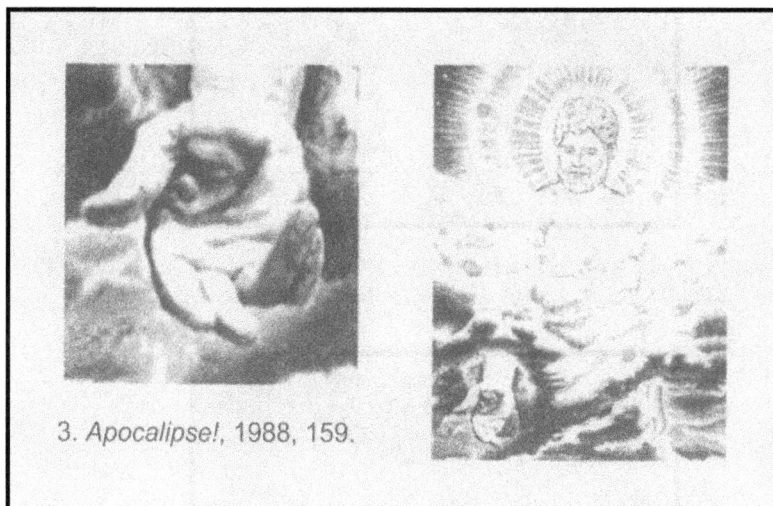

3. *Apocalipse!*, 1988, 159.

Livre de la Société de la Tour de Garde, *La Révélation :*
le grand dénouement est proche !, 1988, p. 159

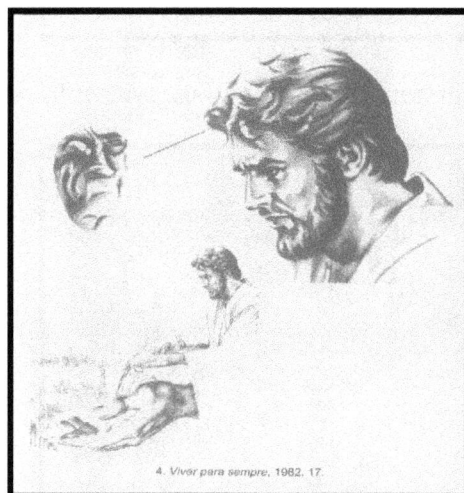

4. Viver para sempre, 1982, 17.

Reproduction du Christ au moment où il est conduit par l'Esprit Saint dans le désert pour y être tenté par le diable (*Évangile selon saint Matthieu* 4, 1). Cette image se trouve à la page 17 de *Vous pouvez vivre éternellement sur une Terre qui deviendra un paradis*, livre de la secte publié en 1982. Si nous tournons cette image, nous apercevons dans la chevelure de Jésus-Christ, au-dessus du front, un dessin démoniaque. Par ce détail, il est signifié que celui qui dirige et sort victorieux de la tentation n'est pas le Christ, mais Satan.

D'autres représentations du diable

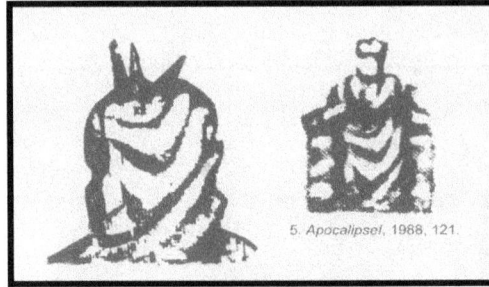

La Révélation : le grand dénouement est proche !, p. 121

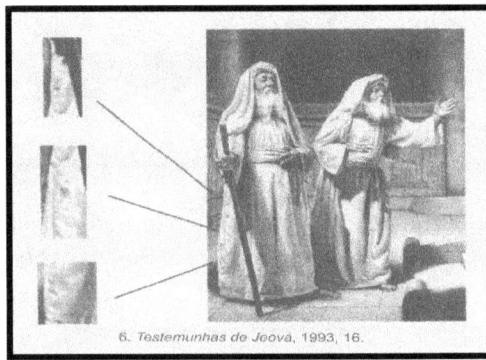

Les Témoins de Jéhovah (version allemande : *Die Zeugen Jehovas*), 1993, p. 16

La Tour de Garde (version allemande) du 1er octobre 1991, p. 16

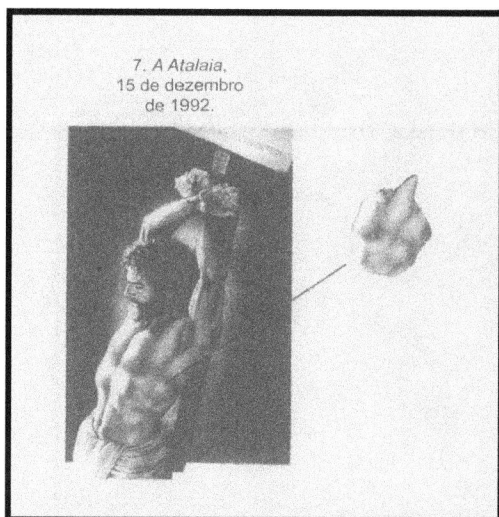

La Tour de Garde (version allemande), 1ᵉʳ janvier 1995, p. 4

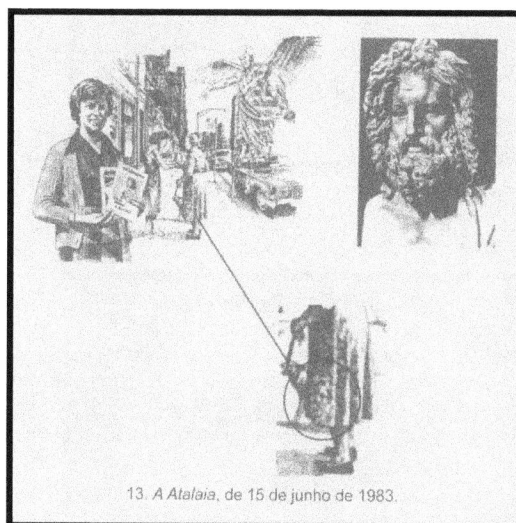

Le livre *Hilfe zum Verständnis der Bibel* (Aide à la compréhension de la Bible), publié par la Société de la Tour de Garde en 1987, mentionne au vol. 8 : « Zeus est le plus haut Dieu de la Grèce antique. Il correspond à Jupiter chez les Romains. Zeus est un Dieu du ciel. On croit qu'il avait la maîtrise des vents, des nuages, de la pluie et de la foudre. »

La Bible dit que la véritable vénération de Dieu, à différentes occasions, entre en conflit avec l'idolâtrie des faux dieux. Par conséquent, il est judicieux de se demander pourquoi *La Tour de Garde* du 1ᵉʳ février 1983, p. 17, reproduit alors le visage de ce faux dieu sur les habits d'une femme ?

Le diable possède une grande capacité d'adaptation. Il peut apparaître sous différentes formes. Cependant, on le reconnaît le plus souvent sous la tête d'un bouc.

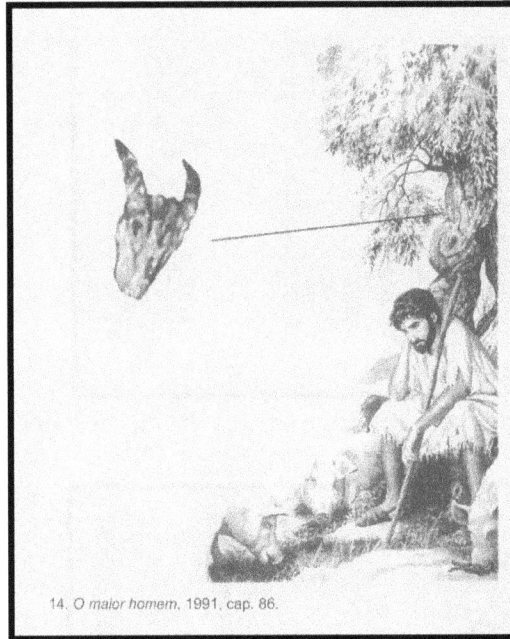

14. O maior homem, 1991, cap. 86.

Le plus grand homme qui n'ait jamais vécu, 1991, chapitre 86

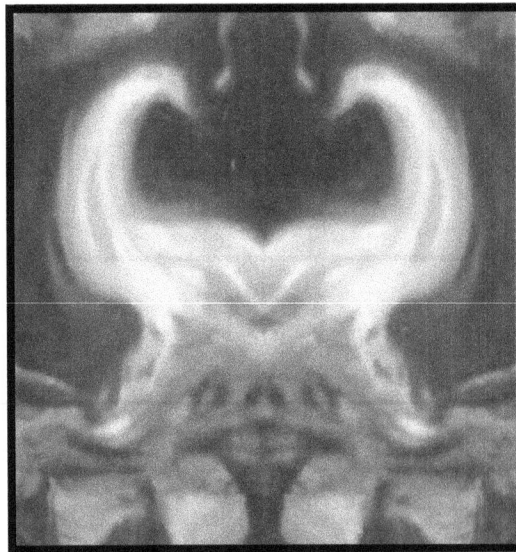

La Tour de Garde du 15/7/2012.
Le feu a ici une étrange forme et ressemble aux cornes du diable

Cornes du diable
dans une forme
d'étoile de la mer

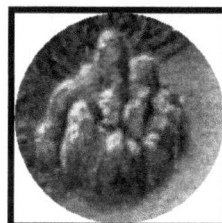

La Tour de Gare, 15/7/1999, p.18

Visages effroyables

Les cornes et la tête d'un bouc sont souvent symbolisées par trois lignes qui se coupent. Ce symbole, un des plus utilisés dans le culte des sorcières, est présenté dans le célèbre ouvrage *The book of Spirits* (Le livre des esprits) contenant ce dessin constitué de trois traits. Ces symboles apparaissent aussi dans le livre *The Magus* de Francis Barrett.

16. The Book of Spirits.

17. The Magus.

Francis Barrett, *The Magus*, Northamptonshire, 1989

Ces trois lignes, qui forment un symbole magique particulièrement puissant, apparaissent dans plusieurs représentations de la Société de la Tour de Garde.

18. *A Atalaia*, de 1º de fevereiro de 1994.

La Tour de Garde (version allemande), 1er février 1994, p. 15

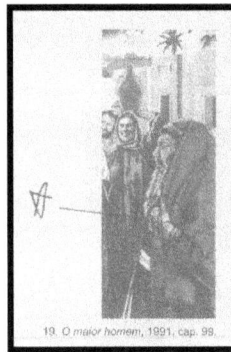

19. *O maior homem*, 1991, cap. 99.

Le plus grand homme de tous les temps, 1991, chapitre 99

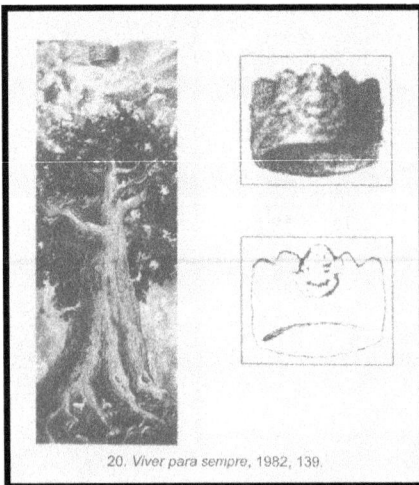

20. *Viver para sempre*, 1982, 139.

À la page 139 de *Vous pouvez vivre éternellement sur une Terre qui deviendra un paradis* est dessiné un arbre qui, selon la publication, représente le « pouvoir divin ». Dans la partie supérieure, au-dessus de la cime, apparaît une couronne, dans laquelle figure un visage ayant les traits du diable. La couronne fait également partie des représentations sataniques répertoriées dans le livre *The Magus*.

21. *O maior homem*, 1991, cap. 89.

Le plus grand homme de tous les temps, 1991, chapitre 89

La lettre A apparait parmi les symboles sataniques. Souvent utilisée en sorcellerie et représentant la tête de bouc avec ses cornes, elle est reprise dans les dessins de la Société de la Tour de Garde.

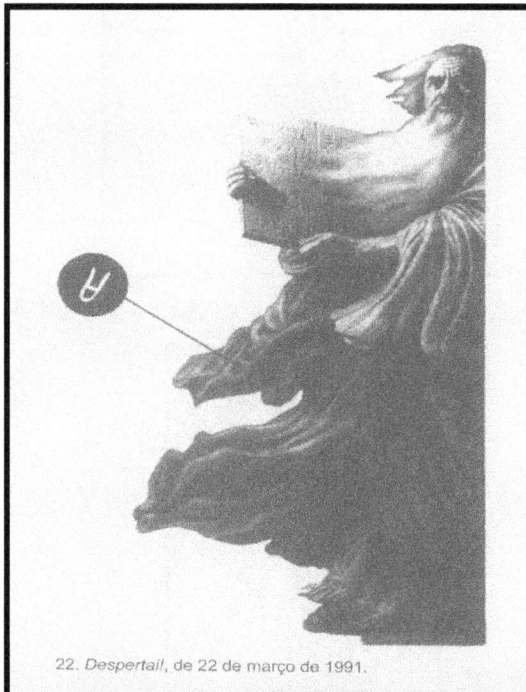

22. *Despertai*, de 22 de março de 1991.

Erwachtet ! (Réveillez-vous !) du 22 mars 1991, p. 3

Le périodique *Réveillez-vous !* (version allemande) du 22 octobre 1989 publie, en page 7, un article sur un massacre perpétré à Matamoros, ville du nord du Mexique. D'après le compte-rendu, une dizaine de personnes furent tuées dans le cadre d'un sacrifice rituel. Il y est mentionné, en faisant référence au *Times*, que les assassins, pour invoquer le démon, firent cuire le cerveau et le cœur des sacrifiés et les mélangèrent avec leurs os dans une tête d'animal. D'après la Société de la Tour de Garde, les satanistes pensent ainsi être protégés par leur dieu, Satan, en lui apportant de tels sacrifices.

En revanche, *Réveillez-vous !* n'a pas cité l'observation d'un lieutenant de police : « Les assassins étaient membres d'une secte satanique et avaient sur l'épaule une cicatrice en forme de flèche qui, d'après leurs déclarations, leur donnait le pouvoir de tuer. » (*San Diego Union* du 13/4/1989)

Là encore, les rites de magie noire montrent avec insistance la reproduction de la flèche. Ce symbole correspond à la queue du diable. La flèche apparaît dans les représentations de la Société de la Tour de Garde. Il est tout à fait alarmant que les dessinateurs de la secte utilisent cet insigne qui rappelle les assassins de Matamoros. Est-ce seulement un hasard ?

26. *A Atalaia, de 1º de março de 1989.*

La Tour de Garde (version allemande) du 1er mars 1989, p. 20

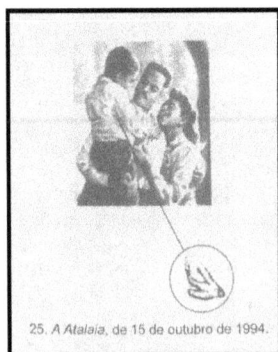

25. *A Atalaia, de 15 de outubro de 1994.*

La Tour de Garde (version allemande) du 15 octobre 1994, p. 7.

La lettre E occupe une place prépondérante dans l'occultisme et la sorcellerie. Une fois de plus, les publications de la Société de la Tour de Garde reproduisent à profusion ce symbole.

Vous pouvez vivre éternellement sur une Terre qui deviendra un paradis, p. 97

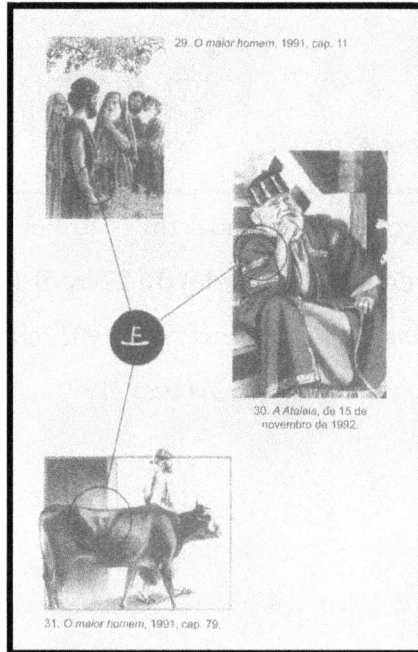

Le plus grand homme qui n'ait jamais vécu, 1991, chapitre 11

La Tour de Garde (version allemande) du 15 novembre 1992

Le plus grand homme qui n'ait jamais vécu, 1991, chapitre 79

La lettre S, symbole de l'éclair en sorcellerie, apparaît aussi dans les reproductions de la Société de la Tour de Garde.

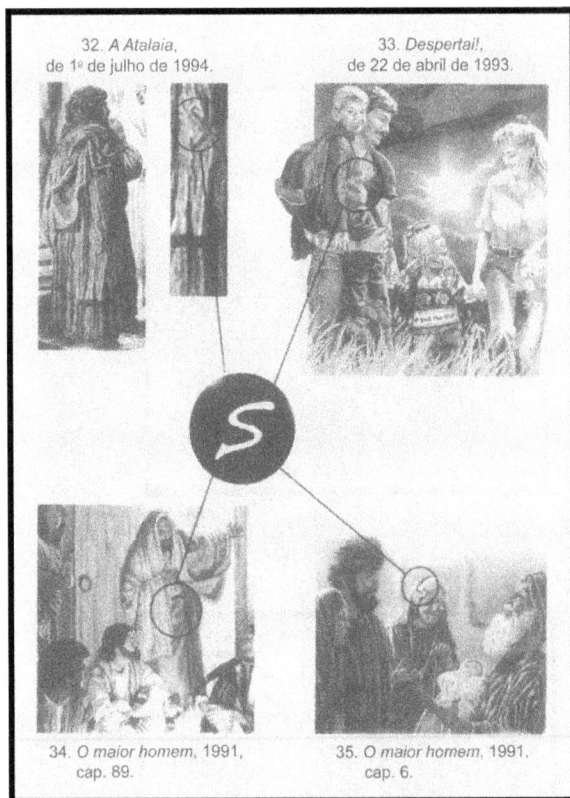

La Tour de Garde (version allemande) du 1er juillet 1994, p. 17

Réveillez-vous ! (version allemande) du 22 avril 1993, p. 8

Le plus grand homme qui n'ait jamais vécu, 1991, chapitre 89

Le plus grand homme qui n'ait jamais vécu, 1991, chapitre 6

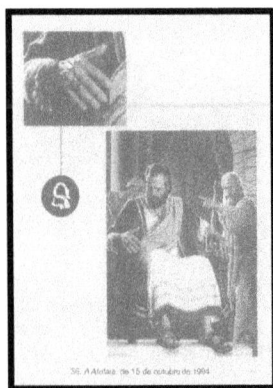

La Tour de Garde (version allemande) du 15 octobre 1994, p. 24

Les satanistes utilisent des signes de la main pour se reconnaître. Ces mêmes codes sont reproduits en grand nombre dans la littérature de la Société de la Tour de Garde.

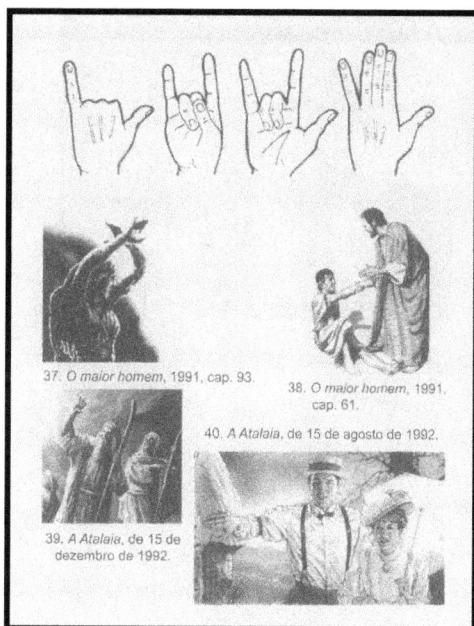

37. *O maior homem*, 1991, cap. 93.
38. *O maior homem*, 1991, cap. 61.
39. *A Atalaia*, de 15 de dezembro de 1992.
40. *A Atalaia*, de 15 de agosto de 1992.

Le plus grand homme qui n'ait jamais vécu, 1991, chapitre 93

Le plus grand homme qui n'ait jamais vécu, 1991, chapitre 61

La Tour de Garde (version allemande) du 15 décembre 1992, p. 24

La Tour de Garde (version allemande) du 15 mars 1992

À la page 59 du livre *La Révélation : le grand dénouement est proche !* est dessinée une clé « romaine », avec un E et le chiffre 3 à son extrémité : elle est chargée de pouvoirs sataniques.

À la page 288 du même livre, un ange précipite Satan dans les abîmes. Dans sa main, l'ange tient la clé aux pouvoirs sataniques.

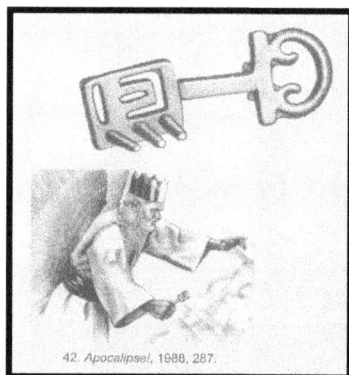

42. *Apocalipse!*, 1988, 287.

À la page 287, il est expliqué que cet ange est Jésus-Christ. Bien que l'affirmation contredise entièrement la parole de Dieu révélée dans la Bible, les Témoins de Jéhovah devraient se demander pourquoi la Société de la Tour de Garde représente Jésus-Christ tenant dans sa main cette clé aux pouvoirs sataniques.

43. Viver para sempre, 1982, 189.

Un des blasphèmes les plus effroyables à l'encontre de Jésus-Christ est constitué sur le dessin, page 189 de *Vous pouvez vivre éternellement sur une Terre qui deviendra un paradis*. Sur sa poitrine, nous apercevons la patte postérieure gauche d'un bouc, symbole de Satan.

Parmi les publications spirituelles de la bibliothèque de Neu-Köln, à Berlin, figurent deux livres contenant des illustrations de la terre[269]. L'une d'elles, reproduite sur la couverture, est appelée le « chef-d'œuvre de Satan ». Si on le fixe, se profile un visage d'homme en forme de grenouille. Après cette première observation, par pivotement d'un quart de tour de l'illustration, apparaît une créature mi-homme mi-animal possédant des cornes et orientant son regard vers la gauche. Une deuxième rotation permet de reconnaître la tête d'un bouc, et une troisième montre un corps avec une tête de lion.

La Société de la Tour de Garde utilise le même procédé. Dans le livre *Die Suche der Menschheit nach Gott* (L'humanité à la recherche de Dieu), édité en 1990, page 335, nous observons un globe satanique identique aux deux livres de la bibliothèque de Neu-Kölln. Cet ouvrage ne recense qu'une infime partie des dessins démoniaques illustrant par milliers les publications de la Société de la Tour de Garde.

---

269. Janet & Colin Bord, *Geheimnisse des 20. Jahrhunderts. Faszinierende Phänomene, Erscheinungen und Ereignisse* (Secrets du XXᵉ siècle. Phénomènes, apparitions et événements fascinants), Bayreuth Hestia, 1989 ; et Reinhard Wiechoczek, *Astrologie : das falsche Zeugnis vom Kosmos* (Astrologie : le faux témoignage du cosmos), Erb Verlag, 1984.

Chaque article ou dessin est contrôlé avant chaque impression par des membres « oints » de la corporation dirigeante. Devons-nous alors penser que la direction, qui engage sa responsabilité pour chaque illustration de *La Tour de Garde* et de *Réveillez-vous !*, est réellement choisie par Dieu, alors que les symboles sataniques foisonnent ? Un membre des Témoins de Jéhovah, Darek Barefoot, avait recueilli nombre de ces images dans les publications de la Société et en informa sa hiérarchie. La direction prit immédiatement des mesures radicales… Darek Barefoot et sa famille furent expulsés de la secte ! En 1992, ses recherches sont reprises dans son ouvrage *Hour of darkness- A battle against occult subversion and blind faith* (L'heure sombre. Une bataille contre la subversion occulte et la foi aveugle).

Cet événement prouve la mauvaise foi de la Société de la Tour de Garde quant à la visée de ces dessins. Il ressort de ces démonstrations que des membres de la direction sont au service de l'occultisme. Voilà un bien étrange scénario pour une structure, qui accuse toutes les autres religions de constituer une partie de la hiérarchie terrestre de Satan. L'exemple des Éphésiens serait plus que jamais à méditer pour les adeptes de la secte : « Un grand nombre de ceux qui avaient cru venaient confesser et déclarer leurs actions. Et parmi ceux qui s'étaient adonnés aux pratiques superstitieuses, beaucoup apportèrent leurs livres et les brûlèrent devant tout le peuple… » (*Ac* 19, 18-19[270]).

b) Les satanistes possèdent des cimetières

Au cœur même de la hiérarchie de la Société de la Tour de Garde, les pratiques occultes sont légions : Russell portait souvent des gants, affirmant qu'ils permettaient de guérir toutes les maladies. De plus, le fondateur des Étudiants de la Bible possédait un cimetière à Pittsburgh. Or, les satanistes de premier plan tentent toujours de détenir des cimetières. Une telle acquisition donne la possibilité de faire disparaître les victimes de rites sataniques, enterrées sous les tombes existantes. Les cimetières sont également utilisés par les satanistes pour entrer en communication avec des forces dites « magiques ». À travers un « cercle de lumière », au milieu duquel est allongé un sataniste nu, une de ces cérémonies a pour objectif de gagner la force spirituelle des morts. Qui plus est, les satanistes ont besoin d'ossements, en particulier de crânes et de la main gauche d'un cadavre, qui sera conservée et servira à des invocations démoniaques. Lors de rituels, ce membre fait office de candélabre.

---

270. Bible du chanoine Augustin Crampon, 1923.

Par ailleurs, des séances spirites se déroulent avec un « Ouija » introduit depuis la présidence de Rutherford[271]. D'après un livre édité en 1928 par la Société de la Tour de Garde, *Versöhnung* (Réconciliation), des entités angéliques [déchues], sous la conduite de Dieu, auraient livré des messages à Rutherford. Ces entités [démoniaques], sont perceptibles lors des séances de spiritisme.

En 1928, le Dr Rollin Jones, psychologue proche de Rutherford, publia un livre satanique intitulé *The Grape Cure* (La cure de raisin) qui fut présenté dans le périodique *The Golden Age* (L'Âge d'or) du 26 décembre 1928. Le quatrième président de la Société de la Tour de Garde, Frederick William Franz, s'efforça de promouvoir l'ouvrage. C'est ce même Franz, auteur principal de la Bible des Témoins de Jéhovah, qui parvint à voir la « lumière » avec l'aide du spirite, le prêtre Johannes Greber.

Un puissant groupe, proche du président de la Société de la Tour de Garde, à Brooklyn, parle dans la langue ésotérique d'Énoch, qui a son propre alphabet[272]. Provenant certainement d'Égypte, cette langue est aujourd'hui pratiquée par les satanistes de haut degré. La magie d'Énoch *(Enochian Magic)* fut introduite et développée par *Sir* William Sinclair, au XVIe siècle, en Écosse. Dans le quartier principal de la Société de la Tour de Garde, tous les rituels étaient célébrés dans la langue occulte d'Énoch[273]. Les sphères sataniques les plus élevées semblent bien contrôler la Société de la Tour de Garde[274].

Le « vrai satanisme », avec sa propre hiérarchie, est indiscutablement la « religion » la plus secrète du monde ! Comme l'expose William Schnoebelen, ancien haut gradé de l'église de Satan et Franc-maçon du 32e degré, qui se convertira au christianisme, le royaume de Satan [qui, contrairement à celui de Jésus-Christ, n'est pas appelé à durer] est révélé à la quatrième étape de

271. Le « Ouija » est une planche en bois représentant les lettres de l'alphabet latin et les dix chiffres indiens. Les termes « oui » et « non » permettent à l'esprit (déchu), lors de séances de spiritisme, de se manifester en épelant des mots. La séance doit en principe débuter par « *Ouija, es-tu là ?* ». Le nom de *Ouija* vient de l'application d'un terme en deux langues différentes : *Oui* (français) et *Ja* (allemand).
272. Fritz Springmeier & Cisco Wheeler, *The Illuminati formula used to create an undetectable total mind controlled slave* (Formule Illuminati utilisée pour créer un esclave indétectable sous contrôle complet du comportement), Chackamas, 1996, p. 253.
273. de Ruiter, *op.cit.*, p. 153.
274. Robin de Ruiter, *Die 13 satanischen Blutlinien – Die Ursache vielen Elends und Übels auf Erden*, Durach, Pro Fide Catholica, 1999 [livre paru en version française en décembre 2012 sous le titre : *Les 13 lignées sataniques, cause de la misère et du mal sur terre*].

cette pseudo-église de Satan. Les degrés les plus bas, ceux des nouvelles recrues (les serviteurs ou les vassaux), comme pour la Franc-maçonnerie, ne connaissent rien de cet ordre :

L'organisation de Satan

Partie féminine :

La princesse des Ténèbres

La grande Mère des Ténèbres (13 grades)

Les sœurs de la lumière (9 grades)

Matriarche

Le cercle régulier des sorcières (sous la direction d'une « prêtresse »)

Partie masculine :

L'Ipaimus Royal

Le conseil des grands druides

Les maîtres supérieurs

Les serviteurs du Pentacle

Le cercle régulier des sorciers (sous la direction d'un « prêtre »)[275].

Lors de ses interventions et dans ses écrits à l'instar de l'ouvrage *Mormonism's Temple of Doom* (Temple maudit du mormonisme) publié en 1987, William Schnoebelen affirme que les membres de la Société de la Tour de Garde, ainsi que les dirigeants de l'Église de Jésus-Christ des Saints des derniers Jours, sont en réalité des initiés lucifériens utilisant ces mouvements pour camoufler des sorciers.

Les adeptes de ces sociétés sataniques y consacrent leur vie, sans trahir leur appartenance à la conjuration. Une position sociale respectable sert à dissimuler leur véritable identité. Ils peuvent être maire d'une grande ville, directeur d'entreprise, homme d'Église, etc. Leur profession constitue un rempart contre tout risque de suspicion[276].

---

275. Comparable à une unité de l'armée, un « cercle de sorcières » appartient aux degrés inférieurs du satanisme. Composé de treize sorcières, il est dirigé par un prêtre ou une prêtresse, qui remplit la fonction d'« officiant ». Ces cercles sont entièrement secrets.
276. Robin de Ruiter, *op. cit.*, p. 27.

Les dirigeants satanistes et leurs disciples visent l'obtention du pouvoir mondial ainsi qu'une plus grande influence obtenue par le biais des rituels occultes. Les cérémonies se concluent par le viol de jeunes filles vierges, des orgies sexuelles, des pratiques contre-nature, des sacrifices d'animaux, d'hommes et d'enfants. Ces rituels paraissent peu crédibles à une grande partie de la population. Ainsi, les satanistes repentis craignent de révéler ces secrets. Les médias les présenteraient comme des farfelus ou terniraient leur réputation, en les impliquant par exemple dans un trafic de drogue, un *hold-up* ou encore une sombre histoire de pédophilie[277].

---

277. Robin de Ruiter, *op. cit.*, p. 29.

Conclusion

Dans *Réveillez-vous !* (version allemande) du 8 juin 1998, les représentants de la Société de la Tour de Garde se plaignent d'accusations portées par d'anciens adeptes. Ces derniers reprochent à la secte son attitude conciliante à l'égard du régime hitlérien, notamment à l'occasion du congrès de Berlin de 1933 : le complexe sportif de Wilmersdorf était décoré de croix gammées.

Cette tentative de déformer les faits s'avère bien inutile. Le texte de la Déclaration des faits est parfaitement explicite. Malgré tout, il est nécessaire de réagir sur quelques points.

Les Témoins de Jéhovah n'auraient pas été concernés par le nationalisme allemand ! Leur philanthropie à l'égard de leurs compagnons juifs dans les camps de concentration constituerait un argument de poids contre les calomnies.

Parmi les nombreuses preuves contraires, un article antisémite, publié dans le périodique *Trost* du 15 juillet 1938, reprend les propos de Rutherford, quand ce dernier affirme notamment qu'il existe une alliance entre le peuple juif et l'organisation du diable. Ces déclarations contredisent toutes les affirmations actuelles de la secte visant à berner une fois de plus ses adeptes. Trois ans après la fin de la guerre, le livre *Gott bleibt wahrhaftig*, publié par la Société de la Tour de Garde, mentionne : « Les Juifs se sont attirés beaucoup de souffrances en raison de leur affairisme et de leurs réactions rebelles. » Cette citation, parue seulement dans la première édition, fut ensuite supprimée[278] !

De plus, Conrad Franke, qui participa au Congrès de Berlin, n'est pas un simple adepte mais un éminent dirigeant. En 1983, il fut élevé, à titre posthume, à la distinction de « oint » dans le ciel !

Sous le titre *Flaggen mit Hakenkreuzen* (Des drapeaux avec des croix gammées) de *Réveillez-vous !* (version allemande) du 8 juin 1998, plusieurs photographies falsifiées, concernant le congrès de Berlin, sont imprimées. Les drapeaux, qui y figurent, apparaissent sans croix gammée. Pourtant, un ancien membre de la secte, présent au congrès de Berlin en 1933, affirme : « Des drapeaux frappés de la croix gammée étaient bien présents. » Pour étayer ses propos, il montre une ancienne photographie. Il est possible que les clichés

---

278. Guten Hirten, *Gott bleibt wahrhaftig* (Dieu est véritable), La Société de la Tour de Garde, 1948, p. 224.

publiés par la Société de la Tour de Garde proviennent d'un autre complexe sportif, dans lequel ne se trouvait aucun étendard[279].

Dans *Réveillez-vous !* (version allemande) du 8 juin 1998, et devant le poids des accusations, des représentants de la secte avouent pour la première fois leurs relations passées avec le Département d'État américain, et concèdent que la Déclaration des faits n'était pas une « protestation véhémente contre le gouvernement d'Hitler ».

Dans *Apocalypse Delayed : The story of Jehovah's Witnesses* (L'Apocalypse a été reportée : l'histoire des Témoins de Jéhovah), James Penton[280], professeur émérite d'histoire, rapporte qu'en juin 1933, les responsables de la Société de la Tour de Garde entreprirent de séduire le régime d'Adolf Hitler en affirmant leur loyauté envers les principes du gouvernement national-socialiste et par des propos antisémites dans la Déclaration des faits. Cette déclaration, rédigée par Joseph Rutherford, alors président des Témoins de Jéhovah, fut envoyée à Hitler accompagnée d'une lettre manuscrite, écrite par Paul Balzereit, dirigeant allemand de la secte à Magdebourg. Le siège des Témoins de Jéhovah ne conteste pas l'authenticité de ce courrier, mais avance qu'il a été écrit par Balzereit pour dédouaner le président et la direction de la secte de leur responsabilité.

Or, la déclaration fut publiée dans les *Annales* de 1934 de la Société de la Tour de Garde[281]. La secte avance maladroitement que son contenu n'était pas une revendication en faveur du régime national-socialiste, mais l'affirmation de ses convictions apolitiques et chrétiennes. Car, les premières années de sa prise de pouvoir, Hitler, élevé dans la religion catholique, prétendait partager ces mêmes valeurs religieuses.

Pourtant, dans l'ouvrage *Enemies*, paru en 1937, Rutherford mentionne, à la page 281 : « Parmi les instruments que la prostituée de Babylone [à savoir l'Église catholique] utilise, il y a des hommes extrêmement égoïstes appelés Juifs, qui n'ont d'intérêt que pour l'appât du gain. »

---

279. de Ruiter, *op. cit.*, p. 160.

280. En 1979, Penton a envoyé une lettre de protestation à la Société de la Tour de Garde, ce qui lui valut une excommunication avec quinze membres de sa famille, dont son épouse.

281. James Penton, *Apocalypse Delayed : The story of Jehovah's Witnesses*, University of Toronto Press, 1985, p. 148.

La lecture de la lettre qui accompagne la Déclaration des faits montre une tournure lourde et alambiquée, aggravée par une obséquiosité et un style « lèche-bottes » à l'égard d'Adolf Hitler.

Dans la forêt de ses mensonges, la Société de la Tour de Garde en vient même à perdre ses propres repères. Un comble pour une secte satanique fondée par Charles Taze Russell, qui, comme ses « très semblables » successeurs Joseph Rutherford, Nathan Knorr, Frederick Franz et Milton Henschel, haïssait l'Église catholique et l'ensemble des religions chrétiennes adorant Jésus-Christ, Fils du Dieu Un et Trine.

Cette secte, qui affectionne les pratiques ésotériques, voire sataniques – comme le démontrent le mode de rédaction de la Bible à partir des travaux du père Gerber et l'utilisation des représentations du diable dans ses messages subliminaux –, n'a aucun fondement chrétien. Tout comme l'emblème de la Croix inclinée ou vacillante signifiant la volonté farouche d'abattre la religion du Christ, ces signes prouvent que Russell et la Société de la Tour de Garde nourrissaient l'ambition de remplacer la religion catholique par une secte d'apparence chrétienne, mais totalement consacrée et dirigée par la « Synagogue de Satan »[282].

Les appartenances de ses présidents aux plus hauts grades de la Franc-maçonnerie et les pratiques de perversion sexuelle sur des jeunes enfants – comme le prouvent le cas de Candace Conti, les enquêtes de Barbara Anderson, ainsi que les révélations de l'ancien Témoin de Jéhovah Bill Bowen évoquant 23 720 affaires secrètes –, démontrent que la Société de la Tour de Garde n'est pas une religion chrétienne, mais une secte dont les membres « oints » servent bien Satan.

Et, dans ce décor infernal, la « vertu » d'adeptes robotisés et coupés de tous liens sociaux fait office de paravent masquant cet immense marché de dupeurs auquel participent les plus hautes personnalités du sérail politique, de la finance, des instances mondialistes – comme l'ONU et le Département d'État américain – et d'autres sectes à l'instar de l'église de Scientologie.

Aujourd'hui, malgré toutes ses atrocités, la Société de la Tour de Garde, qu'Heinrich Himmler promouvait dans ses plans d'invasion de l'Union soviétique, continue à avancer masquée et se développe partout en Europe. Comme l'Italie, la France, sans cesse trahie par ses élites aux ordres des loges, n'est plus à l'abri de voir cette infâme secte recouvrir l'aspect d'une vraie religion.

---

282. *Cf. Apocalypse de saint Jean* 2, 9 et 3, 9.

Annexe

Lettre de la Société de la Tour de Garde

À l'attention d'Adolf Hitler

(accompagnant la Déclaration des faits)

WATCH TOWER
BIBLE AND TRACT SOCIETY
PUBLISHERS OF THE BIBLE STUDENTS ASSOCIATION

GENERAL OFFICES
117, Adams Street
Brooklyn
New York, États-Unis

GERMAN BRANCH
Wachtturmstr. 1-19
C.C.P. Magdebourg 4042

TELEPHONE, MAGDEBURG 405 56, 405 57, 405, 58
RADIO AND CABLE ADDRESS: WATCHTOWER MAGDEBURG

Monsieur le Chancelier du Reich,

Le 25 juin 1933, s'est tenue à Berlin, dans la salle de sport de Wilmersdorf, une conférence des Étudiants de la Bible d'Allemagne. Environ cinq mille personnes [en réalité sept mille Étudiants de la Bible] y assistaient et représentaient plusieurs millions d'Allemands qui sont, depuis de nombreuses années, des amis et des adeptes de la Société de la Tour de Garde. Cette réunion, à laquelle participaient les délégués des différentes paroisses des Étudiants de la Bible, avait pour but de porter à la connaissance de Monsieur le Chancelier du Reich et des hauts fonctionnaires du Reich, ainsi qu'à tous les gouvernements des Länder, les faits suivants :

Dans le pays, des mesures ont été prises à l'encontre d'une association de chrétiens sérieux. Les fausses accusations formulées à notre encontre viennent pour la plupart du camp clérical.

Étant absolument convaincus de la complète objectivité des services du gouvernement et des fonctionnaires qui traitent cette affaire, nous observons – d'une part, en raison de l'importance de notre littérature et d'autre part, parce que les fonctionnaires chargés de ces dossiers sont surchargés de travail – que le contenu de nos publications et le sens de notre mouvement sont jugés de façon erronée.

C'est pourquoi ce qui a été discuté lors de cette conférence est consigné dans la déclaration ci-jointe [Déclaration des faits], afin que cela vous soit présenté, Monsieur le Chancelier, ainsi qu'aux hauts fonctionnaires du Gouvernement du Reich et des Länder. Par ce document, nous entendons prouver que les Étudiants de la Bible d'Allemagne n'ont pas d'autre but que de ramener les hommes à Dieu et de rendre témoignage et honneur sur la terre au nom de Jéhovah, le Très-Haut, Père de Notre Seigneur et de Notre Rédempteur Jésus-Christ. Nous savons avec certitude que Monsieur le Chancelier ne saurait faire obstacle à une telle activité.

Les paroisses des Étudiants de la Bible en Allemagne et leurs membres sont universellement connues comme le refuge d'un respect véritable du Très-Haut, se consacrant avec zèle à l'étude de la Bible. Les autorités locales confirmeront que les Étudiants de la Bible font partie des éléments du pays et du peuple qui aiment l'ordre. Leur seule mission est de gagner à Dieu le cœur des hommes. La Watchtower Bible and Tract Society est leur centre organisationnel.

Le Présidium de la Société de la Tour de Garde situé à Brooklyn a toujours été germanophile. C'est pour cette raison qu'en 1918, le président et les sept membres du directoire en Amérique ont été condamnés à un total de quatre-vingts ans de prison, parce que le président avait refusé d'utiliser deux revues pour diffuser la propagande de guerre contre l'Allemagne. *The Watchtower* et *Bible Student* étaient les deux seules revues américaines qui n'acceptaient pas de se soumettre à la propagande de guerre contre l'Allemagne. C'est pourquoi, les parutions furent interdites.

Non seulement la présidence de notre Société a refusé ces mois derniers de prendre part à la propagande racontant des horreurs sur l'Allemagne, mais elle a pris position contre celle-ci, comme cela est souligné dans la déclaration. Ce document indique que les milieux qui ont dirigé cette horrible propagande en Amérique (les Juifs affairistes et les catholiques), sont là-bas aussi les plus acharnés persécuteurs du travail de notre Société et de sa présidence. Ces constatations contenues dans la Déclaration des faits, doivent apporter la réfutation de la calomnie selon laquelle les Étudiants de la Bible seraient soutenus par les Juifs.

La conférence des cinq mille participants a pris connaissance, avec satisfaction, de la constatation faite par Monsieur le président de Magdebourg, à savoir que la relation - avancée par nos adversaires ecclésiastiques - entre les Étudiants de la Bible et les communistes ne peut être prouvée. Une communication publiée dans le *Magdeburger Tageszeitung* du 5 mai 1933 (n° 104) relate : « Déclaration du gouvernement au sujet de l'occupation de la maison des Étudiants de la Bible – Le service de presse du gouvernement communique : L'occupation par la police des bureaux de l'Association des Étudiants de la Bible à Magdebourg a été annulée le 29 avril, car il n'a été trouvé aucun élément à charge au sujet d'une prétendue activité communiste. »

Et, le *Magdeburger Tageszeitung* du 3 mai (n° 102) avait déjà annoncé : « Le bureau de l'Association des Étudiants de la Bible communique que l'action menée par la police contre la Société de la Tour de Garde a été entièrement annulée. De plus, tout a été restitué, parce que la perquisition a montré que ses associations ne se sont rendues coupables d'aucun méfait politique. Il a été constaté que les Étudiants de la Bible sont absolument apolitiques et rigoureusement religieux. » À notre demande, le gouvernement a confirmé l'exactitude de ces déclarations.

La conférence des cinq mille participants a insisté sur le fait qu'elle considérait comme au-dessous de sa dignité d'avoir encore à se défendre contre les soupçons méprisants d'activités marxistes. Ces calomnies portent la marque d'une concurrence religieuse.

De plus, il a été constaté lors de cette conférence des cinq mille participants que – comme cela est exprimé dans la Déclaration des faits – les Étudiants de la Bible d'Allemagne combattent pour les mêmes buts moraux élevés que ceux proclamés par le Reich concernant la relation de l'homme avec Dieu, à savoir l'honnêteté de la créature envers son Créateur.

Lors de cette conférence, il a été observé qu'il n'y avait pas d'opposition entre les Étudiants de la Bible d'Allemagne et le Reich. Les efforts religieux et apolitiques des Étudiants de la Bible concordent parfaitement avec les objectifs du Reich.

Il y a eu des interdictions de nos livres. La conférence des cinq mille participants a insisté sur le fait que ces livres ne se réfèrent qu'aux actions de l'Empire mondial anglo-américain, et que celui-ci – surtout l'Angleterre – devait être rendu responsable de la Société des Nations, ainsi que des traités et des charges injustes imposés à l'Allemagne. Ce qui est rapporté dans nos écrits va à l'encontre des oppresseurs du peuple allemand, mais nullement contre l'Allemagne, qui s'insurge contre ces charges.

Dans les Länder, où pèsent des interdictions sur les offices religieux des Étudiants de la Bible et qui attendent une solution à cette situation bâillonnant sa vie religieuse, il a été exprimé que nous entendons obéir aux arrêtés d'interdiction. Nous sommes certains que Monsieur le Chancelier du Reich, ou les gouvernements des Länder, une fois qu'ils connaîtront la situation réelle, annuleront ces mesures par lesquelles des dizaines de milliers d'hommes et de femmes chrétiens seraient exposés à un martyre comparable aux souffrances des premiers chrétiens.

Finalement, cette Conférence des cinq mille participants a démontré que la Société de la Tour de Garde militait pour le maintien de l'ordre et de la sécurité de l'État, ainsi que pour la promotion des idéaux élevés du gouvernement national dans le domaine religieux.

Afin d'en donner connaissance à Monsieur le Chancelier et aux autres hauts fonctionnaires du Reich et des Länder, ce que nous avons mentionné brièvement ici est consigné avec tous les détails dans la déclaration [Déclaration des faits]. Elle a été lue publiquement par le secrétaire des cinq mille participants à la Conférence des Étudiants de la Bible. Approuvée et acceptée à l'unanimité, ils ont chargé la direction de joindre un exemplaire de cette déclaration à ce rapport sur la réunion, à Monsieur le Chancelier, ainsi qu'aux autres hauts fonctionnaires du Reich et des Länder. Ceci accompagne l'humble requête de bénéficier d'une commission choisie parmi nous, afin d'exposer de façon responsable l'état véritable de la situation devant Monsieur le Chancelier ou le Ministre de l'Intérieur du Reich.

Ou bien que Monsieur le Chancelier du Reich veuille bien nommer une commission sans préjugé, et composée d'hommes qui examineront vraiment notre problème, selon les principes justes et en vigueur, établis par Monsieur le Chancelier lui-même. Ces principes auxquels nous nous référons sont énoncés dans le point 24 du programme du NSDAP.

Nous demandons la liberté de toutes les confessions religieuses, dans la mesure où celles-ci ne mettent pas en péril l'existence de l'État ou ne contreviennent pas à la morale de la race germanique.

Le parti défend le christianisme, sans se lier à une confession déterminée. Il combat l'esprit juif matérialiste, en nous et en dehors de nous, et est convaincu qu'une guérison durable de notre peuple ne peut se faire que de l'intérieur.

Nous sommes fermement convaincus - si l'on nous juge sans idée préconçue mais uniquement selon la Parole de Dieu - que le gouvernement allemand ne trouvera aucune raison de faire obstacle à nos offices religieux ainsi qu'à nos activités missionnaires.

Dans l'attente d'une bienveillante et prochaine acceptation, et avec l'assurance de notre très grand respect, nous sommes, Monsieur le Chancelier, vos très obéissants serviteurs.

WATCHTOWER AND TRACT SOCIETY
MAGDEBOURG

Bibliographie

Abeele, Andries van den: De Kinderen van Hiram, Brüssel 1991.

Albancelli, Copin: Le Pouvoir Occulte, o.A.

Algermissen, Konrad: Die internationale Vereinigung Ernster Bibelforscher, Hannover 1928.

Algermissen, Konrad: Die Zeugen Jehovas, Celle 1949.

Avernery, Uri: Israel ohne Zionisten, Gütersloh 1969.

Baigent, M., Leigh R. and Lincoln H.: Holy Blood, Holy Grail, New York 1983

Baker Eddy, Mary: Ciencia y Salud, Boston 1982.

Baker, Nina: The Story of Theodor Herzl, London 1950.

Barbier, E.: Les Infiltrations Maçonniques dans l'Eglise, Paris 1910.

Barefoot, Darek: Jehovah's Witnesses and the Hour of Darkness, Grand Junction 1992.

Barrett, Francis: The Magus, Northhamptonshire 1989.

Bernstein, Jack: Das Leben eines amerikanischen Juden im rassistischen, marxistischen Israel, Steinkirchen 1985.

Black, Edwin: The Transfer Agreement, New York 1984.

Blackwood, Peter: Die Netzwerke der Insider, Leonberg 1986.

Bord, Janet und Colin: Geheimnisse des 20. Jahrhunderts. Faszinierende Phänomene, Erscheinungen und Ereignisse, o.A.

Borowski, Wolfgang: Kommt Luzifer an der Macht?, Aglasterhausen 1985.

Burg, J. G.: Schuld und Schicksal, Oldenburg 1972.

Cahill, Rev. E.: Freemasonery and the anti-Christian Movement, Dublin 1959.

Carlisle, Al: Satan's Underground, Stattford 1990.

Carrera, Antonio: 127 Preguntas sobre la Secta de Jehová, Chihuahua 1994.

Cetnar, William: Questions for Jehovah's Witnesses, Kunkletown 1983.

Churchward, Albert: The Signs and Symbols of Primordial Man; The Evolution of Religious Doctrines from the Eschatology of the Ancient Egyptians, London 1913.

Cierva, Ricardo de la: El Tercer Templo, Barcelona 1992.

Cole, Marley: Jehovas Zeugen – Die Neue-Welt-Gesellschaft, Frankfurt 1956.

Cross, Sholto: Social History and Millenial Movements – The Watch Tower in South Central Africa 1908-1945, (Social Compass, 21 January 1970) Oxford 1973.

Crowley, Aleister: The Book of the Law, Maine 1976.

Dall, Curtis B.: Amerikas Kriegspolitik – Roosevelt und seine Hintermänner, 2. Auflage Tübingen 1975.

Decker, Ed und Hunt, Dave: Los Fabricantes de Dioses, Minneapolis 1987.

Doyon, Josy: Herders zonder Erbarmen, 4. Aufl. Baarn 1975.

Dr. Fara: La Masonería y Su Obra, Madrid 1935.

Droz, Jacques: Historia General del Socialismo, Barcelona 1982.

Falcke: Vor dem Eintritt Amerikas in den Weltkrieg, Dresden 1928.

Farrer, David: The Warburgs, New York 1974.

Foreign Relations of the United States. Diplomatic Papers 1933. Volume 11. The British Commonwealth, Europe, Near East and Africa, Washington 1949.

Franz, Raymond: In Search of Christian Freedom, Atlanta 1991.

General Synod, July group of Sessions, Report of Proceedings, London 1987.

Garbe, Detlef: Zwischen Widerstand und Martyrium – Die Zeugen Jehovas im „Dritten Reich". Dissertation zur Erlangung der Würde des Doktors der Philosophie der Universität Hamburg, Hamburg 1989.

Garbe, Detlef: Zwischen Widerstand und Martyrium – Die Zeugen Jehovas im „Dritten Reich". Studien zur Zeitgeschichte. Band 42, 2. Auflage Oldenburg 1993.

Gebhard, Manfred: Die Zeugen Jehovas – Eine Dokumentation über die Wachtturmgesellschaft, Leipzig 1971.

Gilbert, Martin: Jewish History Atlas, Collier Books 1976,

Gómez, Manuel Guerra: Los Nuevos Movimientos Religiosas, Pamplona 1993.

Gotthilf, P.B.: Die größte Geheimmacht der Welt – Die Ursache aller Kriege sowie aller nationalen und internationalen Zerwürfnisse. Ein Jahrhunderte alter Betrug aufgedeckt, Leipzig 1924.

Graham, O.J.: The Six-Pointed Star, New York 1984.

Griffin, Des: Die Herrscher. Luzifers 5. Kolonne, Vaduz 1980.

Griffin, Des: Wer Regiert die Welt?, Leonberg 1986.

Handbuch des Jüdischen Wissens, Königstein 1982.

Hellmund, Dietrich: Geschichte der Zeugen Jehovas in der Zeit von 1870 bis 1920. Mit einem Anhang: Geschichte der Zeugen Jehovas in Deutschland bis 1970. Theologische Dissertation, Hamburg 1972.

Hoffstetter, P.: Défense de l'Occident, Paris 1963.

Hodges, Tony: Jehovah's Witnesses in Central Africa (Minority Rights Group Series), London 1985.

Homuth, Norbert: Vorsicht Ökumene! Christen im Strudel der Antichristlichen Endzeitkirche, 3. Auflage Nürnberg 1986.

Horowitz, David: Pastor Charles Taze Russell – An Early American Christian Zionist, 2. Auflage New York 1990.

Höss, Rudolf: Kommandant in Auschwitz – Autobiographische Aufzeichnungen, Stuttgart 1958.

House, Edward Mandell: The Intimate Papers of Colonel House. Arranged by Charles Seymour, Boston 1926-1928.

Imberger, Elke: Widerstand von Unten – Widerstand und Dissens aus den Reihen der Arbeiterbewegung und der Zeugen Jehovas in Lübeck und Schleswig-Holstein 1933-1945, Neumünster 1991.

Kahane, Meir: La Historía del Jewish Defense Leagua, Madrid 1975.

King, Christina Elizabeth: The Nazi State and the New Religions – Five Case Studies in Non-Conformity, Toronto 1982.

Knaut, Horst: Das Testament des Bösen, Stuttgart 1979.

Lady Queensborough: Occult Theocracy, California: Christian Book Club of America 1931.

Lantoine, Albert: Histoire de la Franc-Maçonnerie Française, Paris 1925.

Ledré, Charles: La Masonería, Andorra 1958.

Lennhoff, Eugen: De Vrijmetselaren, Amsterdam 1978.

Lienthardt, Hans: Ein Riesenverbrechen am Deutschen Volke und die Ernsten Bibelforscher, 2. Auflage Weißenburg 1921.

Lindenberg, Christoph: Die Technik der Bösen – Zur Geschichte und Vorgeschichte des Nationalsozialismus, Stuttgart 1978.

Macmillan, A.H.: Faith on the March, Englewood Cliffs, 1957.

Magnani, Duane: The Moneymakers, Clayton 1986.

Manzanares, Vidal César: El Infierno de las Sectas, Bilbao 1989.

Merlier, M.: Le Congo de la Colonisation Belge a l'Indépendence, Paris 1962.

Meurin, Leon: Die Freimaurerei – Synagoge Satans, o.A.

Miguel, Juan Blazquez: La Historia de la Masonería Española, Madrid 1989.

Mohr, J.B.C.: Entscheidungsjahr 1932, Tübingen 1966.

Möller, Reimer: Widerstand und Verfolgung in einer agrarisch kleinstädtischen Region: SPD, KPD und Bibelforscher im Kreis Steinburg 1933-1945, ZSHG 114, 1989.

Müller, Gerhard: Hinter den Kulissen des Weltgeschehens, 3. Auflage Pähl 1982.

Muhlstein, Anka: Baron James, The Rise of the French Rothschilds, New York 1980.

Nefontaine, Luc: Eglise et Francmaçonnerie, Chalet 1990.

Nicosia, F.: Hitler und der Zionismus, Leoni am Starnberger See, 1990.

Nobel, Rolf: Falschspieler Gottes – Die Wahrheit über die Zeugen Jehovas, Hamburg 1985.

Nuevo Diccionario Ilustrado Sopena, Barcelona 1988.

Ohrtmann, Johann: Die Kriegsdienstgegnerbewegung, Heide (Holstein) 1932.

Ostrovsky, Victor: „Mossad"... De Keerzijde van het Bedrog, Amsterdam 1995.

Pape, Günther: Ich war Zeuge Jehovas, Augsburg 1989.

Penton, James M.: The Christian Quest Vol. 3. A Story of Attempted Compromise. Jehovah's Witnesses, Anti-Semitism and the Third Reich, Addison 1990.

Pike, Albert: Morals and Dogma of the Ancient and Accepted Rite of Scottish Freemasonery, Richmond, Virginia; herausgegeben von L.H. Jenkins 1871, 1921 (Republished 1966).

Ploncard d'Assac, Jacques: Les Secrets des Francs-Maçons, Chiré-en-Montreuil 1979.

Poncins, Léon de: Hinter den Kulissen der Revolution, Berlin 1929.

Reinard, Severin: Spanischer Sommer, Affaltern/Schweiz 1948.

Report from the Church of Scotland's Panel on Doctrine, Edinburg 1989.

Robison, John: Proofs of a Conspiracy Against all Governments and Religions, Boston 1967.

Rodrigues, José María Caro: El Misterio de la Masonería, Santiago de Chile 1988.

Rodrigues, Pepe: El Poder de las Sectas, Barcelona 1989.

Rothberg, Rolent: The Making of Malawi and Zambia 1873-1964, London 1966.

Rothkranz, Johannes: Die Kommende „Diktatur der Humanität" oder die Herrschaft des Antichristen. Band 1: Die Geplante Weltdemokratie in der „City of man", Durach 1991.

Roulantzas, N.: Fascisme et Dictature, Paris 1986.

Ruiter, Robin de: ¡Precaución! Testigos de Jehová, Chihuahua 1992.

Ruiter, Robin de: El Poder detrás de los Testigos de Jehová, Chihuahua 1994.

Ruiter, Robin de: Die Geheime Macht hinter den Zeugen Jehovas, Durach 1995.

Ruiter, Robin de: Los 13 Satánicos Linajes – Preparando el Camino al Anticristo, Mexiko 1999.

Ruiter, Robin de: Die 13 Satanischen Blutlinien – Die Ursache vielen Elends und Übels auf Erden, Durach 1999.

Ruiter, Robin de: El Anticristo – El poder oculto detrás del Nuevo Orden Mundial, Una advertencia para la cristiandad, México 2002.

Sampson, Anthony: The Money Lenders, Middlesex 1985.

Sauras, Manuel Bonilla: Los Amos del Socialismo, Bogotá 1986.

Schnell, W.J.: Treinta Años en la Torre del Vigía, Kansas 1976.

Schnerb, R: El Siglo XIX, Barcelona 1983.

Schnoebelen, William & Spencer, James: Mormonism's Temple of Doom, Idaho 1987.

Segev, Tom: Die Siebte Million – Der Holocaust und Israels Politik der Erinnerung, Hamburg 1995.

Shaw, Jim: The Deadly Deception, Lafayette 1988.

Smit, W.: Israel, Bussum 1979.

Smith, E.: Vrijmetselaar of Christen?, Amsterdam 1990.

Springmeier, Fritz: The Top 13 Illuminati Bloodlines, Lincoln 1995.

Springmeier, Fritz & Wheeler, Cisco: The Illuminati Formula used to Create an Undetecable Total Mind Controlled Slave, Clackamas 1996.

Stokes, Lawrence: Kleinstadt und Nationalsozialismus, Neumünster 1984.

Stuhlhofer, Franz: Charles Taze Russell und die Zeugen Jehovas – Der unbelehrbare Prophet, 2. Auflage Berneck 1992.

Sweetnam, George: Where Else but Pittsburgh?, Pittsburgh 1958.

Tancill, C.C.: Amerika geht in den Krieg, Stuttgart 1939.

Taylor, Samuel: Rocky Mountain Empire – The Later Day Saints Today, New York 1978.

The Case of the International Bible Students Association, Vol. 1. Reprint of the Trail Transcripts.

Toland, John: Adolf Hitler, Utrecht 1978.

Vaca de Osma, José Antonio: La Masonería y el Poder, Barcelona 1992.

Wechsberg, Joseph: The Merchant Bankers, London 1967.

Western Pennslyvania Genealogical Society – A List of Immigrants Who Applied for Naturalization Papers in the District Courts of Allegheny County, Pa., Pittsburgh 1978.

Wichtl, Friedrich: Weltfreimaurerei - Weltrevolution - Weltrepublik. Eine Untersuchung über Ursprung und Endziele des Weltkrieges, München 1919.

Wiechoczek, Reinhard: Astrologie – Das Falsche Zeugnis vom Kosmsos, o.A.

Wills, A. J.: The History of Central Africa, London 1973.

Woodrow, Alain: Las Nuevas Sectas, Mexiko 1986.

Zipfel, Friedrich: Kirchenkampf in Deutschland 1933-1945, Berlin 1965.

Journaux et agences d'information

Brooklyn Heights Press, Daily News Magazine, Getrouw, Informationsdienst ehemaliger Zeugen Jehovas in Deutschland, Le Point, Liberazione, L'Osservatore Romano, New Age Magazine, New York Post, Rivista della Massoneria Italiana 1887, The Oil & Gas Journal.

Littérature des Témoins de Jéhovah

Zion's Watchtower and Herald of Christ's Presence (1879-1909)
The Watch Tower and Herald of Christ's Presence (1909-1939)
The Watchtower
The Messenger
The Golden Age
Der Wachtturm.
Das Goldene Zeitalter.
Consolation.
Trost.
Erwachet!
Unser Königreichsdienst
The Divine Plan of Ages (1886)
The Time is at Hand (1888)
Let Thy Kingdom Come (1891)
The Battle of Armegadon (1897)
The New Creation (1904)
Comfort to the Jews (1912)
The Finished Mistery (1917)
Pastor Russell's Sermons (1917)
Yearbooks of Jehovah's Witnesses
Dein Königreich komme (1891).
Die Neue Schöpfung (1904).
The Finished Mistery (1917).
Pastor Russell's Sermons (1917).
Der Krieg von Harmageddon (1919).
Millionen jetzt lebender Menschen werden nie sterben (1920).
Trost für die Juden (1925).
Versöhnung (1928).
Prophezeiung (1929).
Leben (1929).
Die Krise (1933).
Feinde (1937).
Religion (1940).
Die Neue Welt (1942).
Gott bleibt wahrhaftig (1952).

Neue Himmel und eine Neue Erde (1955).

Jehovas Zeugen in Gottes Vorhaben (1960).

Dann ist das Geheimnis Gottes vollendet (1970).

Du kannst für immer im Paradies auf Erden leben (1982).

Die Offenbarung - Ihr großartiger Höhepunkt ist nahe (1988).

Der größte Mensch, der je lebte (1990).

Die Suche der Menschheit nach Gott (1990).

Interessiert sich Gott für uns? (1992).

Jehovas Zeugen – Verkündiger des Königreiches Gottes (1993).

Planned Giving for Kingdom Interest (1999)

A propos de l'auteur

Robin de Ruiter publie depuis les années 1980. Cet auteur hollandais, l'un des plus traduits de son pays, a acquis une grande notoriété sur le plan international en raison de son exceptionnelle capacité à étudier les événements géopolitiques. L'étendue de son réseau de connaissances à l'échelle mondiale et la pratique de sept langues lui donnent accès à un registre de sources d'information très diversifié.

Écrits en espagnol, ses livres, mondialement appréciés, sont le fruit d'une vision claire.

De Ruiter est né à Enschede (Pays-Bas) le 6 mars 1951, où il a passé la majeure partie de son adolescence. Puis, il a accompagné ses parents en Espagne où, dans les années 1970, il a étudié entre autres la théologie, l'histoire et appris l'espagnol. Il mène actuellement une vie retirée en Équateur.

Il a débuté sa carrière comme rédacteur pigiste pour des revues espagnoles de politique et de religion. Ses publications lui ont valu une notoriété en Amérique latine et en Europe.

Son livre *The Hidden Power behind the Terrorist Attacks of September 11, 2001* lui a assuré un succès plus large et a attiré l'attention d'un public cosmopolite. Aux Pays-Bas, cet ouvrage a reçu le *Frontier Award 2005*.

Son livre, le *Livre jaune n° 7 - Les 13 lignées sataniques : la cause de la misère et du mal sur Terre* fut interdite en France en 2006.

Livres de Robin de Ruiter

Anglais

- *Worldwide Evil and Misery: The Legacy of the 13 Satanic Bloodlines*, (Special hardcover with the original manuscript), Enschede 2008.
- *Worldwide Evil and Misery: The Legacy of the 13 Satanic Bloodlines*, Michigan, 2011.
- *Unveiled: The Protocols of the Learned Elders of Zion*, Michigan, 2012.

Portugais et Brésilien

- *Anticristo: Poder oculto por trás da Nova Ordem Mundial*, São Paulo, 2005.
- *Poder oculto por trás dos Testemunhas de Jeová*, São Paulo, 2006.

Serbe

- *Tribunal za bivšu Jugoslaviju: Slobodan Milošević, Ko je ubio Slobodana Miloševića i zašto?* Beograd, 2013.
- *Razotkriveni protokoli sionskih mudraca - Dodatak: Protokoli skupova sionskih mudraca.* Beograd, 2013.
- *Svetsko Zlo I Beda - Nasleđe 13 Dinastija Iluminata*, Beograd, 2013.

Italien

- *11 Settembre 2001, Il Reichstag di Bush*, Verona, 2003.
- *Yugoslavia, Prima Vittima del Nuovo Ordine Mondiale*, Verona, 2003.
- *Osama bin Laden Eroe o Marionetta della CIA?* Milano, 2007.

Polonais

- *Świadkowie Jehowy wobec polityky USA syjonizmu i wolnomularstwa*, Kraków, 2007.
- *Globalna Skaza - Spadek Trzynastu Iluminackich Dymastii*, Wroclaw, 2013.

Français

- *Le livre jaune No. 7: Les 13 lignées sataniques*, Nice, 2004.
- *Les 13 lignées sataniques: La cause de la misère et du mal sur Terre*,   Guayaquil, 2012.
- *Les 13 lignées sataniques: Les Illuminati et les Protocoles des Sages de Sion*, Guayaquil, 2013.
- *Témoins de Jéhovah - Les missionnaires de Satan*, Paris, 2013.
- *Hitler n'est pas mort à Berlin - Comment les services secrets britanniques l'ont aidé à quitter l'Allemagne*, Guayaquil, 2015.

Croate

- *Svjetsko zlo i patnja - Naslijede 13 loza iluminata*, Zagreb, 2014.

Mazedonie

- Суд за поранешна Југославија, Слободан Милошевиќ, кој загина на Слободан Милошевиќ и зошто?

Tchèque

- *11. září 2001, Usama bin Ladin, George W. Bush a skrytá moc v pozadí*, Prag, 2005.
- *Satanovi potomci, průkopníci antikrista*, Prag, 2005.
- *BSE: Nemoc šílených krav a likvidace zemědělství: Osud nebo záměrně vytvořené zlo?*, Prag, 2005.
- *Haagský tribunál: Zavražděná nevina Slobodana Miloševiče*, Prag, 2008.
- *Třináct satanských pokrevních dynastií - Konec svobody národů se blíží 2. díl*, Prag, 2012.

Turc

- *13 Seytani kan bagi: Illuminati hanedanligi*, Istanbul, 2005.

Espagnol

- *Preparando el camino para el Anticristo*, Chihuahua, 1989.
- *¡Precaución! ... Testigos de Jehová*, Chihuahua, 1991.
- *El Poder detrás de los testigos de Jehová*, Chihuahua, 1994.
- *La Venidera Transición Mundial: Causa de muchas desgracias humanas*, Mexico 1994.
- *Detrás de la sonrisa de los testigos de Jehová*, México, 1999.
- *El poder oculto de los testigos de Jehová*, México, 2000.
- *El poder oculto detrás de los testigos de Jehová*, México, 2002.
- *El 11 de Septiembre del 2001: Mito y Mentiras - El poder detrás de Osama bin Laden y George W. Bush*, España, Iberamérica, 2004.
- *El Anticristo 1: Poder oculto detrás del Nuevo Orden Mundial*, México, 2002.
- *El Anticristo 2: El fin de la libertad de los pueblos se acerca*, México, 2005.
- *El Anticristo 3: Conspiración contra Dios*, México, 2011.
- *El Anticristo 4: Salvación*, Guayaquil, 2013.
- *Adolf Hitler no se suicidó: Crónica de su fuga con la ayuda del Servicio de Inteligencia Británico*, Guayaquil, 2015.

Neerlandais

- *De verborgen macht achter de Jehovah's getuigen*, Hoornaar, 2001.
- *George W. Bush en de Mythe van al-Qaeda: De verborgen macht achter de terroristische aanslagen van 11 september 2001*, Enschede, 2005.
- *Het Joegoslavië Tribunaal: De vermoorde onschuld van Slobodan Milosevic - Wie vermoordde Slobodan Milosevic en waarom?* Enschede, 2006.
- *Wegbereiders van de Antichrist*, Enschede, 2006.
- *Ontsluierd: De Protocollen van de Wijzen van Sion*, Enschede, 2007.

- *De 13 Satanische Bloedlijnen: De oorzaak van veel ellende en kwaad op aarde*, Guayaquil, 2008.
- *Adolf Hitlers vlucht uit Berlijn met ondersteuning van de Britse in-lichtingendienst*, Enschede, 2011.
- *Trilogie: De 13 Satanische Bloedlijnen*, Enschede, 2011.

Allemand

- *Die geheime Macht hinter den Zeugen Jehovas*, Durach, 1995.
- *Die 13 Satanischen Blutlinien* (Band 1) *Die Ursache vielen Elends und Übels auf Erden*, Durach, 1999.
- *BSE, Der Rinderwahnsinn und die Vernichtung der Landwirtschaf: Schicksal oder hausgemachtes Übel?* Durach, 2001.
- *Der 11. September 2001,Osama bin Laden und die okkulten Kräfte hinter den terroristischen Anschlägen auf die USA*, Durach, 2002
- *NATO Eingreiftruppe des Großkapitals: Die kolonisierung Jugoslawiens*, Durach, 2003
- *Die Köder des Satanskultes: Die Musikindustrie, Hollywood und Illuminati-Gedankenkontrolle*, Durach, 2004.
- *Der 11. September 2001: Der Reichstag des George W. Bush*, Frankfurt, 2004.
- *The Watchtower Society: Die Zeugen Jehovas zwischen US-Politik, Zionismus und Freimaurerei*, Durach, 2006.
- *Die 13 Satanischen Blutlinien*, Band 2, Durach, 2008.
- *Die kommende Transition - Der globale Zusammenbruch des gegenwärtigen Weltsystems steht unmittelbar bevor*, Enschede, 2011.
- *Adolf Hitler. Chronik seiner Flucht aus Berlin mit Hilfe des Britischen Geheimdienstes*, Guayaquil, 2012.

Ebooks

Espagnol

- *Los 13 Linajes Satánicos - Causa de muchas desgracias humanas*, Guayaquil, 2010.

- *El Anticristo 3*, México, 2011.

- *¿En busca de Dios? - Dos tipos de conocimientos; porqué Dios no puede ser encontrado*, Guayaquil, 2012.

- *Adolf Hitler no se suicidó: Crónica de su fuga con la ayuda del servicio de inteligencia británico*, Guayaquil, 2015.

Allemand

- *Die 13 Satanischen Blutlinien*, Enschede, 2011.
- *Wer ermordete Slobodan Milosevic . . . und warum?*, Guayaquil, 2011.
- *Auf der Suche nach Gott? - Zwei Arten des Wissens warum Gott unauffindbar ist*, Guayaquil, 2012.
- *Adolf Hitler. Chronik seiner Flucht aus Berlin mit Hilfe des Britischen Geheimdienstes*, Guayaquil, 2012.

Français

- *Les 13 lignées sataniques: La cause de la misère et du mal sur Terre*, Guayaquil, 2012.
- *Les 13 lignées sataniques: Les Illuminati et les Protocoles des Sages de Sion*, Guayaquil, 2013.
- *Témoins de Jéhovah - Les missionnaires de Satan*, Paris, 2013.
- *Hitler n'est pas mort à Berlin - Comment les services secrets britanniques l'ont aidé à quitter l'Allemagne*, Guayaquil, 2014.

Neerlandais

- *De 13 Satanische Bloedlijnen: De oorzaak van veel ellende en kwaad op aarde*, Enschede, 2011.
- *De komst van de transitie - Het einde van ons individueel zelfbeschik-kingsrecht?*, Enschede, 2011.
- *Adolf Hitler. Kroniek van Hitlers vlucht uit Berlijn met ondersteuning van de Britse inlichtingendienst*, Guayaquil, 2011.

Anglais

- *Worldwide Evil and Misery - The Legacy of the 13 Satanic Bloodlines*, Michigan, 2011.
- *Unveiled: The Protocols of the Learned Elders of Zion*, Michigan, 2011.
- *Looking for God? Two kinds of knowledge, why God cannot be found*, Guayaquil, 2012.

www.ingramcontent.com/pod-product-compliance
Lightning Source LLC
Chambersburg PA
CBHW062100090426

42741CB00015B/3293